病院の怖い話

黒木あるじ
雨宮淳司
小田イ輔
渡井 亘

神沼三平太
平山夢明

竹書房
怪談
文庫

※本書は体験者および関係者に実際に取材した内容をもとに書き綴られた怪談集です。体験者の記憶と主観のもとに再現されたものであり、掲載するすべてを事実と認定するものではございません。あらかじめご了承ください。

※本書に登場する人物名は、様々な事情を考慮してすべて仮名にしてあります。また、作中に登場する体験者の記憶と体験当時の世相を鑑み、極力当時の様相を再現するよう心がけています。今日の見地においては若干耳慣れない言葉・表記が記載される場合がございますが、これらは差別・侮蔑を助長する意図に基づくものではございません。

怪談百番
病院の怖い話

スリーアウト！

Dr.マキダシ

ある医療者間の飲み会で、若手医師のTが饒舌《じょうぜつ》に話し出した。

「うちは比較的新しい病院で建物も綺麗なんですけど、変わったルールで死神が出るんですよ。それが、野球と一緒で、スリーアウトで」

「スリーアウト？」

目を丸くする一同を前に、得意げにTが語り出す。

Tがまだこの病院の研修医だった頃、研修で回っていたある病棟に、いわゆる「視える」ベテラン看護師がいた。

この看護師、時折、患者の亡くなるタイミングがわかるという。

Tは実際にその現場を見たことはないが、先輩医師や病棟の若手看護師曰く、この看護師がある患者に対し「あの人、そろそろだね」と言い出すと、必ず翌日にはその患者さんが亡くなるという。

死期が迫っている慢性期の患者ならよくある話だが、比較的安定していた患者の急逝まで言い当てるので、どうやら本物らしい。


ある日、Tは好奇心のあまり、その看護師に「どうやってわかるんです?」と尋ねてみた。すると、看護師はやれやれという表情を浮かべこう続けた。

「ボウリングの球くらいの大きさのね、黒い毛の塊みたいなモヤーっとした影が見えるのよ。でね、それがだんだん増える。最初は一個、次に二個、そしてその影が三つに増えたら——」

「増えたら?」

「スリーアウト。だいたいその日の遅くか、翌日には確実に亡くなるのよ。不思議なもんでね。割と長いこと看護師として働いていたけど、そんなものが見えたり感じたりすることなんか一切なかったのに、ここ数年、この病院で働き始めてからそういうものが見えるようになったのよ。でもここだけ。病院以外では見たことないの」

そう話すと看護師は苦笑いした。

「もう一つ、訊いてもいいですか」

「ええ」

「今、病棟に影が見えてる人っているんですか?」

「……いますよ」

「二個見えてる人は――」

「います」

「えっ」

看護師はパッとTから目を逸《そ》らしては、入院患者が数名、座って共有のテレビを見ているホールに目をやる。

「あら、いつの間に」

「えっ、なんですか? スリーアウト?」

「ほら先生、仕事に戻りましょ」

看護師は意味深げに話を切り上げて、そそくさとその場を離れた。

後から聞いた話だがこの看護師、医療者の救命に対するモチベーションを下げないためにも影が見えた患者について、最近は報告しないことにしていたそうだ。

無論、病棟の医療者もこの看護師が影を見たからといって治療を諦めることなど当然ないのだが、医療者として悪戯に人の寿命を占うような真似はしないようにしている、とのことであった。

ちなみに、Tが看護師とやりとりをした晩、病棟の患者が一名、亡くなった。

確信犯

Dr.マキダシ

ベテランドクターのAさんは、大きな総合病院の救急科で働くとても熱心な先生だ。

Aさんが働いていた救急外来は、一刻を争うシビアな現場で何かとストレスも多いが、運ばれてくる患者さんの命を文字通り、自らの手で救いあげるという救急科の仕事は彼にとってやりがいに溢《あふ》れていた。

そんなAさんをはじめとする、救急スタッフがこぞって頭を悩ませていた症例があった。

それは、精神的な病がきっかけで何度も自死を企ててしまう患者の存在であった。

彼や彼女らは、救急医師が何度も救えども、メンタルの長期的な安定が得られない限り、繰り返し救急外来に運ばれてきてしまう。

「もちろん、そういうメンタルの疾患はなかなか完治が難しいものなので、仕方がないことはこちらも百も承知だし、一番苦しいのは本人だろうから、責めるつもりも毛頭ないんですがね、ただこちらも人間なので、自分が全力で救った方が何度も何度も、同じように死のうとして救急に運ばれてくるのは、なんともやりきれない気持ちになる時もあるんですよ」

言葉を選びながら、Aさんはそう話した。

Aさんのいる救急外来によく運ばれてくる女性がいた。

薬をオーバードーズしては意識が朦朧《もうろう》とした状態で川に飛び込んでしまうその女性は、企図行為に及ぶ前に必ず知人の誰かしらに予告をしていた。それを受けた知人や友人の通報と救急医療によりどうにか、その一命をギリギリ取り留めていた。

Aさんは彼女が何度やってきても、その度に寄り添い「大丈夫ですよ、あなたは生きています。大丈夫です。戻っておいで、大丈夫。生きているからね」と優しく声を掛けながら処置をした。

彼女は救急ベッドの上で蘇生されると、うっすらと意識を取り戻しては、カタカタと震えた。

意識が回復すると少々バツの悪そうな表情を浮かべながら、彼女は多くを語ることはなく退院していくという。

すんでのところでどうにか命を繋いでいた彼女だが、こんな危険な綱渡りはそう長く続かなかった。水温がいつもよりいくらか低かったのか、あるいは服用した薬剤のせいか、はたまたジリジリと悪化していた持病が響いたのか。

その晩彼女はついに、救出されることなくいつもの救急ベッドの上でこの世を去った。

Aさんはこんな日がいつか来るのではないかと、心のどこかで覚悟をしていたが、それでもやり切れなさで胸がいっぱいだったという。


女性が亡くなってから数週間が経ったある夜。

Aさんが救急病棟の当直をしていると、
カタカタカタカタカタ……

何かが細かく揺れるような音がする。音のする方に目を向けると、地震でもないのにベッドが小刻みに揺れている。それも一つだけ。

Aさんはその様子を見てなぜか直感的に、先日亡くなった女性を思い出した。

女性が生前に、蘇生されベッドでカタカタと震えていた時の表情や息づかいが、脳内にありありと思い出されていく。

——彼女だ。彼女に違いない。きっと例の彼女が、自分自身が死んだことに気づかずに、また生前のように、ここにやってきたんじゃないか。

霊体験やオカルトにはどちらかというと懐疑的だったAさんだが、なぜだかその時ばかりはそう信じて疑わなかったという。

生死を彷徨《さまよ》いながら何度もここにやってきた彼女の霊がこの場所を拠《よ》り所にしているのなら、と思いベッドサイドに近づくと、あえて生前と同じように「大丈夫ですよ、あなたは生きています。大丈夫です。戻っておいで、大丈夫」と声をかけた。その瞬間、ピタッと揺れが止まった。

「今思うと、完全に僕のエゴなんですけどね、もしかしたらあの時の女性をまた救えるんじゃないかとさえ思ったんですよ」

とAさんは話した。


また救って欲しくて、手を差し伸べて欲しくて、わざわざここにやって来たんじゃないかと思うと、不思議と怖さはなかったという。

そんなAさんの優しさに共鳴したのか、その後もAさんが当直の夜に一人で作業している瞬間に限って、そのベッドがカタカタカタ……と揺れ動くことが何度かあった。

Aさんはそのたびに生前と同じように「大丈夫だよ、生きてるよ」と声をかける。

そうするとやはり震えがピタリとおさまる。

ある夜、Aさんがいつものように当直業務を行《おこな》っていた。

その日は特別忙しく、次から次へと重症患者がなだれ込む。息つく間もなく診療を行っていると、カタカタカタ……と例のベッドが震え出す。

優しいAさんもその日ばかりは心の余裕がなく、カルテの整理にも追われていたため、いつものように声掛けをできずにいた。

カタカタカタカタ……

ベッドは変わらずに震える。

Aさんはこの時初めて、自分本位な救いを求めてくる彼女の霊に対し、うっすらと怒りが込み上げてきた。思わず立ち上がると、ベッドに近寄って、明らかに普段とは違う調子で言い放った。

「ごめんな、もう君は死んでるんだよ」

すると「知ってるよ」と、ドスの効いた低い女性の声が耳元で聞こえた。

その日を最後に、女性の霊は姿を見せなくなった。

雑音

神 薫

河崎クリニックを開業していた河崎先生は、街のかかりつけ医として地域住民の健診や、風邪などのありふれた病の治療を手掛ける内科医だった。

「手に負えない患者が来たら、そのときは大学病院宛に紹介状を出せば済む。町医者の私は軽い疾患だけを診れば良い。よくある棲み分けで上手くいっていた」

そのようにして何十年も地域で診療を続けてきた河崎先生にとって、一生忘れ得ぬ患者となったのがAさんだった。

「もう随分前のことだが、私が開業して二年目にAさんが来た。Aさんは中年にしてははたるみのない良い体型をしていて、健康そのものといった見た目の男性だった」

自営業のAさんは、河崎先生の外来へ年に一度の健康診断を受けに来たのだった。

「Aさん、〈健康には自信があるので、健診のときしか病院には行かない〉と言っていた。普段から風邪一つひかないそうで、実際に血液検査や尿検査の数値もパーフェクトだったから、印象に残った」

健診の必須項目に、医師による聴診がある。川崎先生は当時、Aさんの心音（心臓の拍動音）や呼吸音を聴診したが、何ら異常はなかったという。

「医師ならわかると思うが、一日中聴診器を耳に入れて百人ほども聴診すると耳の痛みが酷く、しまいには耐えがたい頭痛まで起こる」

そこで、河崎先生は少しでも楽をしようと、聴診を手抜きするようになっていった。

「見た目健康そうで、問診上も突起すべき持病もない人に限ってだが……」

本来であれば胸部を最低でも四か所、心音と呼吸音を八秒は聴診すべきところ、トントントントン！　と聴診器を高速で四回胸にあてるのみに省略したのである。

「省略くらいみんなやってる。そもそも耳が痛くなるのが嫌なあまり、聴診器のイヤーチップを耳に入れないで聴いてるフリだけしてる医師もいるくらいだから」

トントントントン！　では聴診器を胸壁に当てる時間が短すぎて、心臓の鼓動一拍分すらも聴き取れはしない。それでも、河崎先生は「不整脈なら健診で行う心電図でわかるから大丈夫」と聴診の手抜きを続けていた。

クレームもなかったことから、数十年もの歳月、手抜き診察は続いた。

昨年のこと、還暦を過ぎたAさんから「最近、少し動くだけでもやけに息が切れるんです」と訴えがあった。「そんなの老化のせいだよ」といつものトントントントン！　で済ませて帰そうとすると、「本当に苦しいんです、もっとよく調べて下さい」とAさんが珍しく食い下がってくる。

改めて、渋々ながらAさんの胸に聴診器を当て、河崎先生は血の気が引く思いがした。

「ドックン、ドックンという正常心音を掻き消すくらいに、ズゾーッ、ズゾーッと病的な心雑音が聞こえていた」

酷い心雑音に驚いた河崎先生がAさんに向き合うと、彼の顔色は青ざめ、手足には強い浮腫《ふしゅ》が出ていた。一体、いつからAさんはこんなに全身状態が悪くなっていたのだろう。

これまで受診者の顔を診るより、パソコンの電子カルテばかり見ていた河崎先生は、そこで初めて自らの怠惰を悔いた。

健診において、心臓の異常は心筋梗塞や不整脈なら心電図で可視化されるが、弁膜症による心雑音は医師による聴診でしか聴取できない。そして、無治療の弁膜症が心不全に至るまで、通常はかなりの年月を要するものだ。

いい加減な聴診を続けてきたがために、Aさんの弁膜症を見逃してきてしまった。そして、ひとたび心不全に至っては平均予後二年といわれている。

「いきなりAさんにそんな事実を伝えられやしないから、〈少し心臓が疲れているようだから、安静にして様子を見よう。治らないようならまた来て〉と誤魔化して家に帰した」

Aさんは、力なく「あぁ……」と声を漏らして帰っていった。

本当ならばすぐさま循環器科に紹介状を出すケースだったが、河崎先生は保身を考えてAさんを自分のクリニックで囲い込もうと考えたのだ。

「もし、Aさんが真相に気づいて、訴えられたら私が負ける。もしもの場合はクリニックを畳んで慰謝料を工面しなければとまで思い詰めていた」

しかし、それから一年を過ぎてもAさんが再び来院することはなかった。自宅でひっそりと孤独死していたからだった。

「地域の訃報に名前があった。死後ずいぶん経ってから発見されて、ご遺体は白骨化していたらしい」

Aさんの孤独死は心不全によるものだった可能性もあったが、河崎先生にとっては都合のよいことに、事件性なしと判断されたようだった。

この見逃しに懲りた河崎先生は、その後はトントントントン！　ではなく、きちんと胸部を四か所聴診するようにしたのだったが。

「やはり、隠したつもりでもAさんにはバレていたのか……恨まれているのかな」

老若男女問わず聴診をするたびに、あのときのAさんの心雑音が再生されたかのように、ズゾーッ、ズゾーッと聞こえるようになったのだという。

「聴診すると必ず心雑音。誰のときでも同じだ。あのときAさんの胸からしたのと同じ音がする。試しに、聴診器を違う物に替えても駄目だった」

おそらく、疾患を見逃した罪悪感から幻聴を起こしたのだろうが、こんなことは医師の恥でもあるから、誰にも相談できない。

そんな河崎先生の起死回生の策は、電子聴診器による心音の録音だった。

「聴診器で心音を聴く行為がトラウマなら、心音を電子聴診器で録音し、それをヘッドホンで聞けば幻聴を回避できると考えた」

だが、録音した心音を再生すると、聞こえたのは心臓の音ではなかった。

「あぁ……、という、最後に来院されたときのAさんの声がした」

聴診が無理では、医師として健診を担当することはできない。ゆえに、河崎先生が院長を努めるクリニックは閉院の運びとなった。

「医師を辞めろということなのかなと悩んだけれど、他人の健康のために働くことが、罪滅ぼしになると信じて」

河崎先生は内科から他科に転科したが、医師自体は続けている。

変な病院

神　薫

某市郊外のマンションにZ病院はあった。

そのマンションの下層階から中層階はZ病院の外来および入院フロアとなっており、中層から上層階は一般向けの住宅、最上階にはマンションのオーナーで病院の院長でもあるX先生の住居があった。

情報提供者のY先生がZ病院の勤務医となったのは、Z病院にほど近い洒落た居酒屋で飲んでいたことがきっかけだった。

前に勤務していた病院で理不尽な上司を殴って辞表を叩きつけて辞めた経歴をY先生が店主に面白おかしく語っていたら、隣席で相槌を打っていた気の良さげな老爺がZ病院の院長X先生その人で、「それなら君うちに来ないか、職住隣接で住居も用意できるよ」と言われた。待遇を尋ねると相場より高い給与を提示され、無職のY先生は一も二もなく飛びついたという次第。

「一般向けに貸し出してるワンルームは空き部屋がたくさんあるから、好きな階の好きな部屋を選んでいいと言われたが、むべなるかなだよ。妙ちくりんな部屋ばかりなんだから、そりゃ人も入らないだろうと思ったよ」

破格の低い家賃が提示された部屋は、三角形や五角形、四角であっても部屋がマンションの外壁に対して斜めに造られた平行四辺形であるなど、どれも家具の設置に難儀する奇妙な間取りとなっていた。

Z病院勤務の始まりから、最初の数ヶ月はどうということもなかった。

「順調だと思っていたら、徐々に変だなと思い始めた。仕事の内容は楽なのに、一日勤務すると体も気持ちもドッと疲れるんだよ。それが少し気にはなっていた」

待遇は良いのに、櫛の歯が欠けるように同僚がぽろぽろと辞めていくのも妙だった。

一年勤めあげるころには、院長を除いてY先生がZ病院の一番の古株になっていたほどだ。

「元々老人専門病院とはいえ、まだ大丈夫、余裕あるだろうと予想してた患者が、医者の勘を裏切ってポックリと死ぬ。それも妙だった」

Z病院での勤務二年目に入ったY先生が、有給休暇を消化するため久々に他県にある実家へ帰った際、両親にたいそう驚かれたという。

「あんた類がこけて、激瘦せしたじゃないの、仕事が辛いならうちに帰ってきなさいよ」

息子の変貌に驚愕するあまり、母親はそう言って涙を流した。

「毎日見てると気づかないもんなんだな。自分ではちょっとズボンゆるくなったなくらいの認識だった。Z病院で働いてたら、いつの間にか十キロ以上瘦せてた」

勤務中の食事はしばしば院長が豪華な出前弁当を奢ってくれるし、仕事は有病老人の現状維持なので体力的には楽をしているはずだった。

もしや癌かもしれないと、Y先生は休暇中に実家近くの病院で人間ドックを受けた。

「健診結果は一応シロだった。実家だと、Z病院にいたときの異様な疲労感はなくなっていたから、あの病院は何かおかしいぞ、と」


Y先生の運命は、息子を心配した母親が拝み屋を家に連れてきたことで変わった。

地域の相談ごとを引き受けているという拝み屋は何の凄みもない普通の中年女性に見えたが、行ったこともないZ病院の間取りや景色をズバズバと言い当てた。

拝み屋など怪しいと斜に構えていたY先生も、拝み屋の女性の力を見せられては信用するしかなかった。

「Z病院は酷いところだね。あれは店子の運気、生気を養分として吸い上げるために作られた建物だ。全ては屋上の大家へ集まるようになってる。あそこに勤め続けていれば、早晩命を落とすことになるよ」

拝み屋の老婦人の言葉に、Y先生はこれまでの違和感が全て氷解する思いがした。

「辞めるだけなら簡単だが、今まで命を盗まれてきた分の仕返しがしたい。拝み屋さんに、院長の企みを台無しにする方法はないのか訊いてみたら、あるって言うんだな、これが」

素人でもできる、霊的な流れを変える方法をY先生はZ病院に戻ってから即座に実行した。気の流れを遮断する具体的な方法については、拝み屋の女性から「悪用されないよう他言しないこと」と口止めされているとのことで、ここには記せない。

「まあ簡単だったよ。要するに、流れは高きから低きに流す方が自然なんだとさ」

Y先生がZ病院の霊的装置を破壊してからというもの、院長は投資に失敗して多額の借金を負ったとかで行方をくらまし、Z病院は閉院。

「院長はかなりの高齢で身寄りもないという話だったから、なんとか取り入ってZ病院の跡継ぎに納まれば、俺も旨い汁が吸えたんだろうが。他人の命をかすめ取るような生き方はしたくなかったから、これでいいんだ」

閉院した病院の建物は住宅部分ごと債権者の抵当に入ったため、Y先生は現在実家に身を寄せている。

「院長にはザマアミロとしか思わないが、仕事は楽で高給だったのはちょっと惜しかったな。しばらくはスポットバイトで食いつないで、俺はまた常勤先探しだよ」

「おふくろの飯が美味くて」とすっかりメタボ体型に戻ったY先生は、勇ましく気を吐いていた。

大部屋

渡井亘

Rさんの父であるCさんは、生前大層な酒飲みだった。

そのせいで肝臓を患い入院していたのだが、それでも飲酒をやめることができず、医者や家族に隠れてなおも飲む始末で、誰の手にも負えなかったという。


ある日の深夜のことだ。

Cさんはトイレに向かう途中、とある大部屋の前を通るのだが、そこが妙に騒がしいことに気がついた。

そこには彼よりもずっと高齢の方が入院している部屋だと記憶していたのだが、こんなに盛り上がるほど元気な連中であったかと訝《いぶか》しんだ。それに、部屋の外まで聞こえるほどの歓声なのに、どうして看護師の一人も注意しに来ないのだろう。

トイレから戻る途中、またその大部屋の前を通り過ぎようとすると、ちょうどお婆さんが扉を開けて現れた。あまりのタイミングの良さにCさんは驚いて固まったのだが、そのお婆さんはここに入院している患者であることを思い出して頭をぺこりと下げた。

するとお婆さんは、にこにこ手招きをする。

「今みんなで酒盛りしとーとよ。あんたも来《こ》んね」

おいでおいでと笑顔で手をひらひらするお婆さんの提案は、Cさんにとって大変魅力的ではあったのだが、深夜の病院で集団の酒盛りは流石に……と珍しくも自制心が働き、丁重に断って床についた。


翌朝、朝食を運んできてくれた看護師と世間話をしていたCさんは、告げ口のつもりではなかったがこのことをポロッと話してしまった。

「トイレの途中の大部屋、夜中に大騒ぎしとったぞ。元気な連中やね」

看護師は「大部屋……?」と一瞬考えこんだが、何かに気が付いたのか顔を青ざめさせた。

「それって、トイレの斜向《はすむ》かいにあるお部屋のことですか?」

Cさんは「しまったか」とお婆さんに申し訳ない気持ちになったものの、看護師の剣幕に圧されて嘘を吐《つ》くこともできず頷く。

看護師は重々しく、呟くように言った。

「あそこ、お婆ちゃんが亡くなったのを最後に空き部屋なんですけど……」

それ以来、Cさんは隠れて酒を飲むのをやめたそうだ。

もしあの時酒盛りに参加していたらと思うと、酔いもすぐに醒めてしまう……。

亡くなるほんの少し前、Rさんにそう話していたという。

転職

神　薫

　コロナ禍以前のこと。医師免許を取得したばかりの小谷さんは、研修先として市中の病院を選んだ。病院の内科病棟に配置されて数日後、初めての看取《みと》りの機会がやって来た。

「山川さんという、慢性的な疾患の末期だった穏やかなお爺さんでした」

　危篤の知らせに上級医と共に病室へ向かうと、山川さんのご家族が集っていた。ご臨終に立ち会えるように病院が呼んでいたのだ。

「山川さんは、既に下顎《かがく》呼吸が始まっていました。喘ぐような呼吸で、これが始まると死期が近いことになります」

　口をぱくぱくと動かす下顎呼吸は苦しげに見えるが、この状態の患者に意識はなく、苦痛は感じていない。やがて、モニター心電図から山川さんの心拍が消失した。上級医の指示で心肺停止、瞳孔反射消失を確認すると、小谷さんは腕時計にそっと目を遣《や》り、厳《おごそ》かに死亡時刻を告げた。ご遺体のエンゼルケアはナースの仕事ゆえ、医師たちは病室を出て死亡診断書を記入するなどした。

その日、病院での勤務を終えた小谷さんが自宅に戻ったのは二十三時過ぎ。まだ医師の働き方改革などない時代で、翌朝も六時には病棟に出勤せねばならない。

小谷さんは一日の汗をシャワーで洗い流すと、早朝の出勤に備えてベッドに入った。

いつもなら疲労から泥のように眠りに落ちるところ、初めての看取りで精神的に興奮したのだろうか、不思議と寝つけない。なんとなしに目を開けた小谷さんは、ベッドの足元に、豆電球の橙の光に照らされて、誰かが俯いて正座しているのを見た。

小谷さんの視線に気づいたのか、ベッドの隅に正座していた人が顔を上げた。

山川さんだ。

ほんの数時間前、小谷さんが息絶えた山川さんの目蓋をめくり、ペンライトを当てて瞳孔反射を確認したのだから、見間違いようがない。

『先生！　俺、死んだのかよぅ？』

鬼の形相になって叫ぶなり、山川さんは正座したまま枕元に突進してきて小谷さんの首に手をかけた。抵抗しようと小谷さんは手を振り回すが、山川さんには触れることができない
あなたは亡くなったんです。医者なのに、命を助けられなくてごめんなさい！　と必死

になって謝るうちに、喉に食い込んだ指の感触がなくなり、山川さんは消えていた。

「悪い夢と思いたかったけど、覚醒していたのは僕が一番わかっていたので……」

小谷さんはその後も同じ病院で研修を続けたが、三か月後に辞表を提出した。

「実は、その後も看取りの度に同じことが起きて……」

受け持ち患者が死亡当日の深夜に小谷さんの自宅に現れ、ベッド上に正座しては『私、死んだの⁉』と絶叫してつかみかかってくるが、拝み倒すと消える。この現象が三度繰り返されたとき、小谷さんは医師を続けるのはもう無理だと思ったのだという。

「霊が怖いというのもありましたけど、生前優しかった人が、人格が変わったように僕を責めてくるのが何より辛かった」


現在、小谷さんは介護職に就いている。

「介護現場なら、これまで学んできた医学知識が活かせますし、やり甲斐ありますから」

医師から介護士に転職した変わり種の小谷さんだが、転職してからは死者に自宅へ押しかけられることもなく、安眠できているそうだ。

今際の際にて

渡井　亘

腎臓《じんぞう》内科に勤めていた母から、私が生まれるより前のこととして聞いた話だ。

当時二〇代の母が勤務する病棟に、一人の老男性――Aさんが入院していた。

Aさんは笑顔の可愛い、優しいお爺さんであったという。彼は重い腎不全を患っていたのだが、投薬の副作用で心臓に負荷がかかり、ある日危篤状態に陥ってしまった。

とうとう心停止したAさんだったが、心肺蘇生措置により運良く一命を取り留めることができた。

以降Aさんは脅威の回復を果たす。みるみる体調が改善し、退院も見据えて一般病棟へ移ることが叶った。

ある日、母と同期の看護師女性のBさんがAさんの対応をしていたところ、不意に彼が話しかけてきた。

「なぁ、俺は一回死んだんだ」

危篤時のことを言っているのだとBさんは理解し、「頑張って戻ってきましたね」と労《ねぎら》いの言葉をかける。

するとAさんは、当時のことを語り始めた。


危篤状態のさなか、Aさんは川の前に立っていた。

着衣は着慣れた前開き式の患者衣で、スリッパではなく裸足《はだし》だった。さっきまで苦しかったはずの身体は軽く、ゆったりとした流れの向こう岸には赤青黄、色とりどりの美しい花畑が見えたという。

「おいで」

涼やかな、何とも言えぬ良い声が耳を撫でる。その男とも女ともつかぬ誰かに呼ばれて気分が高揚したAさんは、誘われるまま川を渡ろうと足を踏み出した。ところが――。

「お前、戻ってこい！」

突然響いた後ろからの怒鳴《どな》り声に、Aさんは「なんだよ、うるせぇな」と振り向いた。

そこにいたのは、何年も前に事故で亡くなった親友であったという。

その親友は夜釣りが趣味で、亡くなった原因はテトラポッドの隙間に落ちて出られなくなったことによる衰弱死だった。

声の主を殴ってやろうとさえ思っていたAさんの怒りは、元気だった頃の親友の姿を見た途端すっとなくなり、「お前が言うのなら」とそのまま川に背を向けて歩き始めた。


すると、Aさんは物凄い胸の痛みに襲われた。

途端に景色は一変し、仰向けの彼を見下ろす医師、看護師の姿が目に映ったという。

心拍が再開し、意識を取り戻したまさにその時だったそうだ。

「すごく苦しかったけど、それが生きてることなんだと思ったよ」

Aさんはそう結んだ。彼が無事退院したのはそれから二ヶ月後のことだ。


この話をBさんから聞いた母は「良い話だね」と思ったが、Bさんのなんとも言えない表情に違和感を覚えた。なぜそんな顔をするのかとストレートに訊いてみると、彼女はこんな疑問を口にした。

「なんだかおかしい感じがして。亡くなっている親友が川の手前側、生きてる側から呼んで引き留めてくるなんて変じゃない？」

それにもう一つ。Bさんが不思議に思っていることがあるという。

Aさんは退院してから、定期的に病院に手紙を送ってくれるらしい。

その中には毎回お礼の言葉と近況が書かれており、当時看護にあたっていたBさんもよく見せてもらっていた。

「Aさん、最近夜釣りを始めたんですって。お魚は見るのも嫌いで、入院していた時の食事ではいつも残していたのに」

元気ならそれは良いことなのだけれど、とBさんは続ける。

「まるで人が入れ替わってしまったみたい」

Bさんの言葉に、母は背筋を震わせずにはいられなかったという。

人柄と腕前

黒木あるじ

クシマダさんは、親子三代続くクリニックの院長である。

先代の院長である実父が亡くなり、大学病院を辞して実家へ戻ったのが二十年ほど前。危機的だった経営を数年がかりで立てなおし、現在は地域でも評判の医院となった。

そんな彼が院長に就任してまもなく、〈若先生〉と呼ばれていたころの話だという。


ある日の午前中。

いつもどおり診察室で外来患者を待っていると、なにやら声が聞こえてきた。

「なんだよ、早く会計してくれってば」

「いや、あの、でも困るんです」

遣り取りを聞くに、どうやら待合室で患者と看護師が揉めているらしい。

なにごとだろうか——気になった若先生が待合室を覗《のぞ》いてみれば、あんのじょう高齢の男性患者が新米看護師と押し問答をしている。

「どうしました」

クシマダさんの声に看護師が「あ、先生」と安堵の表情を浮かべる。

そのとたん、高齢男性が「いや、違うよ！」と叫んだ。

「オレが診てもらったのは、こんなアンちゃん先生じゃねえぞ！」

「……待合室でベンチに座ってたら、あっちのドアから白衣を着た医者が顔を出してな、オレを手招きしたんだ。だから部屋に入って〝最近すこしダルくて〟と説明したんだよ。なのに、また〝診察しろ〟とか言いやがって、この病院はどうなってるんだ！」

男性は頬を膨らませながら、事情を訊ねる若先生と看護師にそう答えた。

つまり、すでに別の医師に診察してもらった——というのだ。

そんなはずがなかった。

この病院の医師は、クシマダさんひとりだけなのである。

さらに詳しく話を聞くと、男性が「入室した」と主張している部屋は、どうやら廊下の突きあたりにある旧院長室らしいと判明した。

その部屋は先代が亡くなって以来、久しく使われていないのだが——。

「いやいや、手招きをした当のお医者さんが座ってたぜ。白髪でさ、ニコニコしててさ。オレの話を聞きながら椅子を前に後ろにゆっさゆさ動かしてんだ。クセなのかねえ」

男性の言葉に、クシマダさんのみならず古参の師長も青ざめた。

白髪も、常に笑顔という点も、貧乏ゆすりをする癖も、死んだ院長と一緒だった。

「そのときは、渋る患者さんをなんとか宥《なだ》めて診察しました。師長とは〝あの男性、軽い認知症なのかもね〟って結論で無理やり納得したんです。だけど……」

これで騒動は終わらなかった。

その後もおよそ月に一度の割合で、同様の事例が発生したからだ。

ドアから顔を覗かせての手招き。白髪で微笑む白衣の男性。物腰のやわらかい診察——患者はみな、揃っておなじ状況を口にした。

「困りましたよ。当然ながら患者さんは診察したと思っているから、看護師に呼ばれると〝さっきのはなんだったんだ〟と怒るんです。そりゃそうですよね」

いろいろ対策を講じてみたものの、いずれも然《さ》したる効果はなかった。

院長室に鍵をかけても、いつのまにか開錠されてしまう。ドアノブが動かないようにとガムテープでぐるぐる巻きにしても、知らぬまに取り除かれている。

すっかり困りはててしまった若先生、とうとう強硬手段に打って出た。

「学会出張で不在にします」とウソをついて休院にすると、師長の親戚だという祈祷師をこっそり呼び、一日がかりでお祓いをおこなったのだ。

それが功を奏したのか、その日を境に〈謎の診察〉はぴたりと止んだのである。


「……そこまで毛嫌いする必要、あったんですかね」

話を聞き終えて、私は率直な感想を述べた。

「だって、実のお父さまでしょう。そりゃ診察がダブるのは患者さんにとっちゃ迷惑かもしれませんけど〝父が若い院長をサポートする〟なんて微笑ましい話じゃないですか」

私の言葉に、クシマダさんが「父として見れば、まあそういう感想も抱けますけど」と苦笑した。言葉の意味が呑みこめず「父として見れば……ですか」と繰りかえす。

「ええ、問題は〝医者としての彼〟なんですよ」


患者さんに訊ねたところ〈白髪の先生〉は問診の際に、およそふたとおりの返答をしている事実が判明した。

「その先生に〝心配ない。すぐ治るよ〟と仰ってもらって。とても安心しました」

「お医者さん、〝けっこう重症かもね。まあ、諦めずに頑張りましょう〟って真剣な顔で言うんです。想像していたより悪いのかと落ちこみましたよ」

前者のポジティブな見立てをA、ネガティブな推察をBとしておこう。Aを告げられた患者は、その多くが来院から数ヶ月以内に亡くなっている。いっぽう、Bの場合は往々にして軽症で、一度の投薬で全快してしまうケースがほとんどだった。

つまり、見立てと結果がまるきり反対なのである。間違っているのである。

「ここだけの話……父は〝やる気のあるヤブ医者〟として、ひそかに有名でしたからね。だからウチの病院、経営が危なかったんですよ」


冒頭で述べたとおり、クシマダさんのクリニックは現在、非常に好評を博している。最近では亡父に年齢が近づいたせいか、古参の患者さんから「ますます先代の院長先生そっくりになってきたねえ」と言われる機会も増えたそうだ。

「複雑な心境ですよね。容姿や性格が似てきただけなら嬉しいんですが……腕前も一緒と思われているなら、ちょっと困っちゃいます」

家族や職員には「もし自分が死んだあとも病院に出てくるようなことがあったら、すぐお祓いするように」と言い渡しているそうである。

死車

黒木あるじ

話者からの強い要望により詳細を伏せ、聞きとった内容のみ簡潔に綴りたいと思う。特定の単語で検索すると当該施設は容易に発見できるのだが、まんがいち「これか」と思う情報に行きあたっても拡散しないよう、読者諸氏には伏してお願い申しあげたい。


某市の総合病院裏手に、関係者専用駐車場がある。

アスファルトに停車用の白線が引かれ、道路との境がフェンスで区切られているという、一見したかぎりなんの変哲もない駐車場である。

敷地の隅、病院からもっとも遠い位置に停められた一台の車を除けば——だが。

廃車である。

話者によれば、九十年代に人気を博したセダン型の普通車だという。

もっとも、いまや車体は見る影もないほど朽ちている。鮮やかな赤色だったとおぼしき車体はくすんだ錆《さび》に覆われ、ドアミラーやバンパーには枯れ蔦《つた》が絡まっている。フロントガラスや窓には分厚い埃が積もっており、室内の様子は窺えない。

その異様さゆえ、はじめて目にした人間はたいてい驚くようだ。とりわけ新人の職員や看護師は、きまって「あの車、なんですか」と先輩職員に訊ねてくる。

だから、先輩は小声で謂れを語って聞かせる。

あの車は〈フィルター〉なのだと。


この病院ではかつて、亡くなる患者が異様に増加した時期があるのだという。

病死ではない。

個室トイレでの急逝、屋上からの転落、来客用駐車場での事故——すべて変死である。

当初は自殺が疑われたものの、亡くなったのは症状が軽い患者ばかり。病気を苦にして自死したとは考えにくかった。とはいえ、そのまま捨て置くわけにもいかない。病院側はトイレの見まわりを増やし、屋上へ続くドアは封鎖。駐車場にも警備員を常駐させた。

それでも変死はいっこうに減らなかった。

高齢男性が駐輪場で他人の自転車に跨《また》ったまま死んでいるところを発見され、車椅子の女性は這いずるようにして非常階段の踊り場で事切れていた。初診で訪れたはずの患者がリネン室で心臓麻痺を起こしていたこともある。

医療過誤ではないものの、これ以上続くようなら病院の評判に響きかねない。どうしたものかとみなが悩んでいるさなか、今度はひとりの男性が亡くなった。

病院で診察を受けた帰り、職員用駐車場に停まっていた車のなかで命を絶ったのである。農薬を飲んだうえ、口と鼻をダクトテープで塞ぐという凄惨きわまりない自殺だった。

警察が捜査したところ、さらに驚愕の事実が判明する。

男性が乗っていたセダンは彼の所有車ではなかったのである。車からはナンバープレートがはずされ、車体番号が削り取られていた。つまり、不法投棄された車だったのだ。

なぜ、そのような車が敷地内にあるのか。いったい誰が棄てていったのか。

そして男性は、どうしてそんな車を死に場所に選んだのか。

疑問は多々あれど、むしろ関係者はその後起こった異変に戦慄した。

病院での変死者がぴたりと止まったのである。

本来は喜ぶべきなのだろう。けれども、連日のように起こっていた不幸が凪のごとくに止んだのはなんとも不気味で、医師や看護師、職員の心を酷くざわつかせた。

やがて、院内では妙な話が広まりはじめる。

「あの廃車は、故意に置かれたものではないか」というのだ。

発端は、職員の「経営陣が車を運びこむところを目撃した」との証言だった。まもなく別な医師が「神職とおぼしき和装の人物が車の前で祈祷をおこなっていた」と同僚に伝え、夜勤明けの看護師が「見知らぬ業者が、廃車に大量の汚れた衣類を詰めていた」と仲間に言いふらした。

いずれも噂にすぎないが、それを信ずるに足るほど状況は異様だった。

あの廃車は、厄災を集積する一種の〈フィルター〉ではないのか。

なんらかの儀式で依代《よりしろ》のような役割を与え、撒《ま》き餌《え》よろしく穢《けが》れを詰めて〈なにか〉を誘《おび》き寄せているのではないか。それを主導したのは病院の関係者ではないか——。

荒唐無稽な仮説を笑う者はいなかった。否定することさえ恐ろしかった。

もうひとつ、みなが荒唐無稽な話を信じた理由がある。

農薬の男性が亡くなってからわずか数週間で、セダンがあっというまに錆びたのである。彼が自殺したとき、車はまだ鮮やかな赤色を保っていた。海風の強い地域でもなければ、塩害の類も聞いた憶えがない。ならば、なぜ車は驚くべき速さで腐ったのか。

なにも判らないいまま、廃車はそのまま放置された。

実はこの車、一度だけ撤去されかけている。

内紛めいた騒動で病院の運営母体が変わったおり、「不審者が寝泊まりしては困る」との理由で取りはらわれることになったのだという。すると――。

レッカー車で撤去しているさなか、駐車場にクラクションが鳴り響いた。

廃車と睨みあうように停まるワゴンの運転席で、新任の事務局長が亡くなっていた。ハンドルに突っ伏し、顔面でクラクションを押し続けていたのだという。

死因は心筋梗塞。しかし局長はその日、隣県へ出張に出ているはずだった。

どうして彼が駐車場にいたのかは、誰も判らなかった。

以来、この車を除けようという意見は一度も出ていない。


では――現在も車は置かれているのか。

答えは否である。

昨年、病院のある地域で豪雨による大規模な河川氾濫が発生した。病院も一階が浸水し、数日にわたり業務を中断せざるをえない事態に陥った。

ようやく再開という日の朝、朝礼の席でひとりの職員が「すいません」と手を挙げる。

「……あの車、ないんですけど」

廃車は激流に流され、行方不明になっていた。

最近、院内で不審死を遂げる人間がぽつりぽつりと増えはじめているという。

経営陣が市内の廃車置き場をまわっては、あのセダンを探している——との噂もあるが真偽のほどはわからない。廃車が置かれていたスペースは現在、カラーコーンとビニールテープで厳重に封鎖されている。

新人は勤務初日に「あそこは絶対に停めないでね」と告げられるそうだ。

知らぬが仏

神　薫

小児科病棟看護師の友梨さんは、入院中の男児患者の間で奇行が流行《はや》りだしたのに気づいた。

「男の子に限ってなんですが、下半身丸出しのままトイレから出てくるんです。しかも、こっちに見せつけるみたいにアレをフリフリさせてくるし」

トイレから病室まで腰を振りながら歩いて戻る男児たち。目のやり場にも困るし、足元に下ろしたズボンを踏んで転ぶ子もいて危険だ。

何故そんな奇行に及ぶのか、友梨さんは男児たちに問いただすことにした。

皆口が堅かったが、友梨さんによく懐いている五歳のタカシ君がこっそり教えてくれた。

「それはねー、トイレババアをよけてるんだよ」

タカシ君によると、病院の男児トイレにはトイレババアなる老女の化け物がいて、陽が落ちてからトイレを使うと便器の中から尻を撫でられたり、首筋に氷の如く冷たい涎《よだれ》を垂らされるのだという。

「トイレババアはちんちんが苦手だから、フリフリすれば逃げてくんだって！」

自分はいつもそうやって追い払っていると得意げなタカシ君に、友梨さんは「転ぶと危ないから、トイレから出たらズボン履《は》こうね」くらいしか言えなかった。

ナースステーションにいた看護師長に友梨さんがタカシ君の件を報告したところ、一笑に付されるかと思いきや、耳を疑うような返事が戻ってきた。

「トイレババアでしょ？　知ってる。あいつ、私が新人の頃からずっといるんだ」

友梨さんには初耳だったが、師長には霊感があり、男児トイレに化け物が潜んでいることはとっくに承知していたという。

「でも、皆はあいつのこと、勘違いしてる」

男児たちは〈トイレババアは性器を嫌うから、見せれば逃げていく〉と思い込んでいるが、実際は異なる。

「あいつはそういうものが嫌いだから逃げるんじゃない。性器が好きだから、見せてくれたお気に入りの子に嫌がらせしなくなるだけ」

尻に触れたり、涎を垂らしたりしなくなるのを、男児たちはトイレババアを追い払えたと勘違いしているのだという。

「あいつ、気に入った子にしばらくおぶさってるから。今、タカシ君の背中にしがみついてるよ」

お祓いはしなくていいのかと不安がる友梨さんに、師長はヒラヒラと手を振った。

「あいつは男児に執着してるだけで、私たちには実害ないから。そんなの放っておいて、さあ、仕事仕事」

納得はいかなかったが、暇ではないので仕事に戻るしかない友梨さんだった。

「私には見えないのでわからないんですけど……そんなのと共存していくのが、この業界では普通なんですかね？」

この一件で、病院の常識がわからなくなったと友梨さんは嘆いていた。

指先

小田イ輔

五十代の大工、Gさんが左の人差し指を切断したのは、数年前の事。

「電動の丸ノコ使ってたんだけどな、『あ、ヤベっ』と思った次の瞬間には第二関節から先がコロンと落ちてた。一瞬だったせいか痛みもなく」

その時点ではまだ、彼は余裕を持っていたのだという。

「指の一本ぐらい早めに医者に診せればくっつくだろうってさ。慌てるのも格好悪いし、付け根をきつく縛って、自分で車運転して病院に行ったよ」

間もなく着いた救急外来、診察に当たった医師は開口一番「これ、くっつけるの厳しいですね」と、呆れたように言う。

「いやなんでだよと『まだそんなに時間は経ってねえだろ!』つってね、ちょっとデカい声出したりして」

噛みつくGさんに対し、医師は毅然《きぜん》とした態度で言った。

「指を漬けているコレ……何ですか？」

焼酎だった。

「冷静なようで、やっぱりどこかパニクってたんだろうな。うちは工場が自宅の敷地にあるもんでね、指のきれっぱし、消毒するならアルコールだろって、へっへ、茶の間にあった焼酎のペットボトルにぶっこんで持ってったんだ」

切断指の適切な保存方法は安全講習の際などに耳にしていたそうで、知らないわけではなかったらしい、もちろんそれは焼酎に漬けるなどというものではない。


「アルコールで焼けちゃって、恐らくもう組織が死んでいますから、接合はかなり難しいと思います、ご希望であればやるだけやってみますが……」

医師が真剣な表情で述べる見解を、気が遠くなる思いで聞く。

「これなら接合は諦めて、切れた指の傷口を綺麗に整える手術、断端形成《だんたんけいせい》と言いますが、それを受けて頂くのが最適だと考えます」

そのように手術方法を奨められる頃には、じわじわと痛みが襲ってきていた。

脈打つたび鈍く痛む指の断面、Gさんは脂汗《あぶらあせ》を滲《にじ》ませながら「もう何でもいいから早く処置してくれ」と呻《うめ》いた。

「その後すぐに指の写真を撮られて手術室。ダンタンケーセーってヤツだよ。出血が結構あったから腕に点滴刺されてさ、あとはじっと手術が終わるのを待つしかなかった。や、局所麻酔だったもんで意識ははっきりしてたんだわ」

指は、被せられた緑色の布でまったく見えなかった。時おり押されたり引っ張られたりする感触がかすかに伝わってくる以外は、何が起きているのかまるで分からない。

——つまんねえな。

痛みから解放されて手持ち無沙汰になったGさんは、目だけを動かして室内をキョロキョロ観察する。薬品やガーゼの詰まったガラス棚、色気の無い壁と天井、何に使うのかも分からない大きな電子機器。

——ん？

興味深くあたりを眺めていた視線が、不意に止まった。

入り口ドアの小窓から、誰かがひょっこり顔を出している。

「見たこともねえ婆さんが、こっちをニコニコ見てやがった」

——なんだ、あのババア。

「人が大変な目に遭ってるの眺めながら、嬉しそうなツラしやがっててさぁ」

頭にきたGさんは、傍らに立っている若い看護師に「あのさ、あそこのババア目障《めざわ》りなんだけど」と、クレームを入れた。

しかし看護師は困惑した様子で「そんな人いませんけど……」と言う。

「キレたね。いや、いるじゃねえかババア、あそこに立って笑ってるじゃねえかって。そしたら手術室が途端にバタバタし始めて」

医師が、やや厳しい声で周囲に何か告げる。

看護師の一人がモニターをチラチラ見ながら注射器などを準備し始め、先ほど話しかけた若い看護師の方は、なぜかしきりに他愛もない話題を振ってくるようになった。

おかげで手術が終了するまで、Gさんは飼い猫の話を延々語らされたそうだ。

「後から聞いたらさ、俺が妙な事ばっか口走るもんだからショックの徴候だと勘違いされたみたいで、万が一に供えて薬を準備してたんだって。まあ、話すのに夢中になったお陰様で、ババアの事はすっかり忘れたんだけど……」

手術は無事に終わったものの、経過観察と感染防止の処置のため、Gさんは一週間の入院となり、個室での療養生活が始まった。

「大怪我だけど、そうは言っても指先でしょ。歩けるじゃない。病院内をうろついて看護師をからかったりしてさ、おおむね楽しい入院生活だったわけよ。ただ……」

来るのだという。

夜、ウトウトし始めた頃を見計らうようにして、手術室で見かけた例の老婆が部屋の隅に立ってニコニコしはじめる。

「ま、その時点で幽霊みてえなもんだろうなとわかってた。手術室でのことだって曖昧にされたけどおかしかったし、何より見回りに来た看護師の姉ちゃん、俺の部屋にババアがいるのに気づかねえんだもの」

――なんだクソババア、来るんじゃねえよ！

――てめえ、なんなんだ、引導渡し直すかコラ。

入眠を邪魔される格好となったGさんは、夜ごと部屋を訪れる老婆に対し、心の中で散々悪態をついた。彼によれば実際に大声を出して怒鳴り散らかしても良かったところ、また錯乱したと誤解されてはかなわないため考え直したとのこと。

「怖くて声が出なかったとかじゃない、それだけはきちんと書いといてくれ。まあ最初は驚いたけど、虚仮《こけ》でもなんでもなく、そのうち面白くなってきたんだよ。ババア、泣きそうなツラするもんでね」

老婆は、はじめのうちこそニコニコしているものの、Gさんが睨《にら》みつけて罵声を浴びせているうちに、次第に表情が曇ってくる。

「あれには笑ったな。それなら最初から出てこなきゃいいのによ。こっちにしてみりゃ化け物にならなら何言ったところで咎《とが》められもしないんでね、ホント、幽霊でも何でも反応があるってのは面白いもんで、ババアが萎び消えるまで頭ん中で怒鳴って煽《あお》ってさぁ」


そうこうしているうち、退院の前日、消灯後。

「明日で病院暮らしともオサラバだと思ったら、しみじみしちゃってね。指、なくなっちゃったなぁとか……それが良くなかったんだな」

最後の夜も、老婆は姿を現した。部屋の隅の薄暗がりに、いつも通りぼんやりと浮かびあがり、ニコニコと笑っている。

「テメエとも今晩でお別れだなクソババア、なあんて悪態をついてたんだけどよ。ちょっと余裕こいたっていうか、優しい気持ちになっちまったんだよなあ。普段はババアが消えてから寝てたのに……その日は消える前に眠っちまったんだ」

気がついたのは深夜だった。

奇妙な感触に、Gさんは目を覚ます。

何か生温かいものが左の人差し指を包んでいる。

吸いつかれるような圧迫感、ぴちゃぴちゃという音、くすぐられる爪。

——爪？

ないのに？

驚いて目を向けたGさんは声をあげた。

「ババア、布団から出てた俺の左手に顔を寄せてよォ。包帯の先の、指先があったはずのあたりをズルズルと吸ってたんだよ」

恐ろしかったのは、老婆の口元に、失った指先の感触が確かにあったこと。

『き、きったねえなクソババア！　何やってんだ！』

大声に驚いて『どうしたんですか⁉』と看護師が駆けつけてくる。

老婆は部屋の電気が点けられるのと前後して、すうっと消え去っていく。

「あのババア……その日は消える瞬間まで笑ってやがったよ。してやったり、ようやく捕まえたってツラだったたな」

退院後、しばらく通院生活を続けた後、Gさんは仕事に復帰した。

左の人差し指はなくしてしまったが、業務に支障はないという。

「ただなあ……幻肢痛《げんしつう》って知ってるか？　なくなったハズの体の一部が痛むっていう症状なんだけどよ……」

痛むんですか？　と訊ねると、彼は苦笑いをこぼす。

「いやいや、痛みはねえんだが……今でも時々、寝てるときにズルズルッとやられるんだよ、あのババアが舐めてるのかと思うと、気持ち悪くってさあ……」

左手に、お経の刺青でも入れようか悩んでいるんだと言いながら、Gさんは顔を顰《しか》めた。

魚と猿の魚

小田イ輔

看護師のB君が勤める病院の話。

彼の勤務する病棟には曰くつきの部屋があるそうだ。

「その部屋に入室した方が『あるもの』を見たと言うと、その後で必ず亡くなるんです」

「あるもの」の表現の仕方は見た人によって様々であり、具体的に何なのかと問われればハッキリしたことは言えないとのこと。

「例えば『あ、何か泳いでる』とか『金魚が浮いてる』とか、あとは『蝶々蝶々』と言いながら何もない空間をなぞっている患者さんもいました。そしてそれとは別に『誰か飛び降りた』ですとか『窓から猿が入ってきた』『黒い子供が飛び跳ねてる』っていうのもありますね。なのであくまで想像ですけど『魚のような何か』と『猿のような何か』があの部屋には出ているのかなと」

その部屋は、いわゆる「お見取り部屋」などではなく、あくまで一般的な療養の際に使われる部屋であり、入室したからといって必ずしも患者さんが亡くなるわけではない。

「ただ『魚か猿』のどちらかを見たような言動をする方は、必ず亡くなります」

病院には医療のスペシャリストが揃っているのだから、そのような前兆現象を察知した場合に何かの手立てを取ることはできないのか、あるいは部屋そのものを使用禁止にすべきではないか問うと「それは難しいですね」と彼は言う。

「こういう言い方をすると悪く取られるかも知れませんが、病院はあくまで『患者さんの生命力を高める』のを手助けする場であって、寿命を延ばす場ではないんです。どれだけ一生懸命ケアしても亡くなる方は亡くなります。私たちは何か特別な事をしているわけではなくて、あくまでエビデンスに沿った『当たり前の医療』を提供しているに過ぎない。その『当たり前の医療』によって回復する患者さんとそうじゃない患者さんが出てくるだけの話で、生きるか死ぬかはあくまでその患者さん次第ですから」

B君自身、前述のような心持ちで仕事に取り組めるようになったのは最近の事。

「いくらでも患者さんにとって苦痛が無いように不安が無いように、自分が助けるんだというつもりで取り組むんです、こんな仕事を目指した人間なら最初は誰でもそう。だけどずっと何百年も生きられる人間なんて居ないんですよね、みんな必ず死んでしまうんです。それをしっかり心に留めておかないと、何か大きく間違うような気がするんですよ」

つまりその部屋で「魚や猿を見たから死ぬ」のではなく「死ぬから魚や猿を見る」と解釈するのが正しいのではないかと彼は考えているようだ。

「そうです、ですから――」

その時、例の部屋に入院していたのは六十代後半の男性、以後Aさんとする。

「胃癌のオペ後、一度退院なさったんですが、貧血が強くて再入院になった方でした」

それまで病気をしたことが無かったという彼は、手術が成功した後でも常に不安な様子で、再入院の際も「癌が再発したのでは」と、家族に漏らしていたらしい。

「手術は立派に成功していました、胃癌のオペ後の貧血というのはありふれた後遺症ですから、退院前にもかなり情報を提供していたんですが、ご本人にとって十分ではなかったのでしょう、反省しました」

B君は担当のナースとして、その患者さんの不安をできるだけ和らげるべく、今後をしっかりと見据えた療養が出来るよう心掛けた。その点で言えば、Aさんの家族が協力的に関わってくれたのは幸いだった。

「やっぱりね、生きる理由というか目標があると違うんですよ。前向きになれる材料があればあるほど、積極的に治療に取り組んで頂けますから」

Aさんの目標は、孫の成人式を見るというもの。

「三歳だって言っていました、娘さんが父親を励まそうとして頻繁に連れてきていたんです。可愛らしい男の子で、孫と一緒に居る時のAさんは幸せそうでしたね」

何か不安げな時は、そのつど孫の話題を出して励ました。

「お孫さんの成人式まで生きるんですよね？」といたずらっぽく言葉を掛けるB君に「孫を人質に取られたら言うこと聞くしかねえわな」と笑顔のAさん。

そんな関係性が出来てくると、Aさんは自分自身が何に困っていて何を恐れているのかを少しずつ話してくれるようにもなった。

「不安を言葉で表出して頂けるところまで来たなと、看護計画としては順調でした」


Aさんは良好な経過をたどり、退院を間近に控えたある日の午後。

検温のため部屋を訪れると、中から笑い声が聞こえる。

どうやら娘さんとお孫さんがやってきているようだ。

覗いてみればベッドに腰かけたAさんが、孫を見ながら笑っている。

娘さんは部屋中を駆けまわる息子に手を焼いている様子。

入り口で立ち尽くすB君に、Aさんが声を掛ける。

「さっきからずっとこうだ、子供のやることはわかんねぇが、何でこんなに可愛いかな」

孫は「おさかな、おさかな」と言いながら、何かを捕まえようと小さな両手をパチンパチン鳴らし、虚空を見上げてはキョロキョロしている。


次の日、Aさんは予定を前倒しして退院した。

孫の葬儀に出席しなければならなくなったためだ。

「長生きなんてするもんじゃねえな」と言った彼に、B君はかける言葉もなく俯《うつむ》くしかなかった。

それは前日、お見舞いの帰り、娘さんが引き起こした自損事故の結果だった。


「――ですから、入院患者さんでなくても、亡くなる時は亡くなります」

黒看

黒木あるじ

数年前、C恵さんが勤務していた私立病院に、新人看護師のS子さんが入ってきた。

ちょうどベテランの看護師がふたりほど辞めたばかりだったので「これですこしは楽になる」と、C恵さんはひそかに喜んだ。

実際、ハキハキした性格の彼女は同僚たちとすぐに打ち解け、患者たちにも評判が良い、まさに申し分のない看護師だった。

たったひとつ——頻繁に怪我をすることをのぞいては。


廊下で転んで痣をこしらえる。

ガラス瓶を割って腕を切る。

階段で滑って足首をひねり、ドアに指を挟んで骨にヒビが入る。

最初は「ずいぶんと天然ちゃんだね」と笑っていたC恵さんも、血圧計を持っただけで脱臼し、翌日には謎の湿疹が顔に広がった彼女を見て「尋常ではない」と思いはじめた。なにか健康面、または精神面に問題があるのではないか、そう言って検査を勧めても、S子さんは大丈夫ですと笑うばかりで、そのくせ怪我の数はいっこうに減らない。

看護婦は体力勝負である。負傷ばかりしていたのでは、いずれ業務に差し障りが出る。ましてや傷口から感染でもしたら院内中が大変な事になってしまう。

どうしたものかと悩んでいたある日、C恵さんはひとりの患者に声をかけられる。

小児性喘息で入院している女の子だった。

彼女は、廊下の向こうで車椅子を押すS子さんを指差しながら、C恵さんに問いかけた。

「ねえ、どうしてあのカンゴシさんだけ、とっても真っ黒な服を着ているの」

体温が、すっと下がった。

翌日、S子さんのことを相談しようと、C恵さんは日勤明けの婦長を居酒屋に誘った。

セクハラ医師の悪口や、文句ばかり多い患者への愚痴で盛りあがる。ひととおり話題が尽きたタイミングを見計らい、彼女はS子さんの話を切りだした。

「知らなかったの？　あの人ね、〈クロカン〉で雇ったの」

赤ら顔であっさりと吐いた師長の言葉が、最初は理解できなかった。

「黒い看護師だから通称クロカン、たぶんね。アタシも先輩から聞いたんで本当の名前は知らないけれど」

師長は手酌で杯を満たしながら、言葉を続ける。

「アタシらの仕事って常に死が傍らにあるでしょ。絶望とか無念、そんな要素が混ざった空気を絶えず吸っているようなもんなの。末期患者さんの〝なんで俺はもうすぐ死ぬのにお前らは元気なんだ〟って、行き場のない憤りや憎しみも病棟内に澱んでいる。そういうものは誰かが背負ってくれないと、ウチみたいな大所帯の病院って成り立たないのよ」

すっかり酔いのさめたC恵さんに気づかないまま、師長は「クロカンになる方法ってさ、わりと簡単なんだよ」と笑いながら教えてくれた。

末期患者の髪を、彼女の食事にこっそり混ぜる。

患者の尿を数滴、彼女の靴にたらしておく。

患者に使った血や膿のついたガーゼで、彼女のカップやポーチを磨く。

そんな小さなことを積み重ね、やがてクロカンは成立するのだという。

「アタシが若いころに見たクロカンさんも、美人でキレイな人だったけどね。毎日というよりも毎時間単位で怪我してたな。ストレスなのか背負いすぎたのか、半年くらいで髪が全部抜けて、そのまま辞めてったっけ」

そんな、まるで時代錯誤な呪いじゃないですか。なんで院長先生に言わないんですか。

震えながら抗議するC恵さんをひと睨みして、師長がゆっくり口を開いた。

「これ、院長の方針なんだよ。あの人が研修医時代に勤めていた病院の慣習を、そのまま採用したみたい。知ってる？　彼女のお給金、アタシの倍近くなんだって。要はあの娘もわかったうえで採用されてんの。だから、これは他言無用」

ぺらぺらとヨソで喋ったら、アンタがクロカンになるよ。

諭すような口調でささやきながら、師長はジョッキを煽った。

ひと月後、C恵さんは看護師を辞めた。

クロカンの彼女がどうなったかは知らない。病院は、いまでもあるという。

死神

平山夢明

「六人部屋なんですけどね」

小倉さんは今年で五年目の看護師である。

看護学校を出て、〈お礼奉公〉と云われる専属病院での過酷な労働を経て、現在では自分の選んだ総合病院の内科に勤務している。

「内科って一番、人が死ぬところなのね。手術で亡くなるよりもずっと多いの」

彼女がその病院に移って間もない頃、変わった先輩が居た。

「その人、もう四十過ぎの大ベテランなんだけど……」

引き継ぎなどで夜勤で入る小倉さんなどに〈あの人、気を付けておいて〉などと患者を名指しするのだという。

「まあ、容態が悪かったり、数値に異常があったりする場合もあって。その場合は当たり前なんだけど……」

たまに全く回復しているように見える患者さんの名前を口にすることがある。

「そうすると必ず一両日中に急変して亡くなるの」

どうしてわかるんですか？　と訊いても本人は詳しくは語ろうとはしない。

ただ、そういう指摘をするのは、決まったふたつの部屋にいる患者だけなのだという。

ある時、その先輩が病院を辞めることになった。

「なんでも義理のお母さんの介護が大変になってしまったとかで、夜勤とかできなくなっちゃったみたいなのね。で、そこみたいな大病院じゃなくて入院もないような町の個人医院に転職することになって」

「あなた、あたしがなんて呼ばれてるか知ってるんでしょ」

食堂にいると、その先輩看護師が声を掛けてきた。

「いえ！　そんなこと全然！　知らないです！」

小倉さんは大袈裟に否定した。

実はその先輩看護師は院内では「死神」と陰で云われており、そんなことは云えるわけもなかった。

先輩はふふ、と笑って「いいのいいの」と告げた。

そして、彼女を真っ直ぐに見据えると「あんたは勘が良さそうだから教えて上げる」と前置きした。

「あのね。鏡に映るのよ」

「え?」

「相部屋の入口に鏡があるでしょ。あそこに夜中の巡回に行ったとき、顔が映るの。それが部屋の人ならたいてい亡くなるのよ」

先輩は彼女がいつも言い当てているふたつの部屋番号を口にした。

「鈍い子じゃ教えても意味ない。だって何もなかったらあたしが嘘つきの莫迦《ばか》みたいでしょ。だから、見えそうな勘の良さそうなあんたに教えるのよ」

先輩はもう一度、同じことをくり返し云った。

そして「人に言いふらさない方が良いわよ。絶対、得にならないから」と釘を刺した。

「なんだか、それから夜勤が妙に怖くなったのだけは憶えてるわ」

小倉さんは教えて貰った相部屋に入る度、入口の鏡をチラ見するようになった、が、幸いなことに人が映ることはなかった。

なんだ冗談か……と思い始めた矢先、ある日ふと、鏡に目が留まった。

「それはいつもの見慣れた鏡じゃなくて……大きさも形も全然、別のものだったのね」

鏡というよりは何か別の、表面が澄んだ何かに見えたという。

彼女が立ち尽くしていると不意に顔が浮き出してきた。

一週間ほど前、別の病院から紹介されて入院している四十代の患者だった。

「その人がジッとあたしを見たのね」

小倉さんが我に返ると鏡はいつもの見慣れた鏡に戻っていた。

先輩の言葉通り、その患者は二日後に急死した。

「昼間に鏡を見ても、あの不思議な現象は起きないのよ。それにしても――」

先輩から鏡の件を引き継いだ今、小倉さんは自分が何とアダナされているのか気になるという。

ナース

鳥飼 誠

三十年以上前、関東地方であった話だ。

夜、一人の男が国道沿いにあるコンビニで雑誌の立ち読みをしていた。

立ち読みに飽きて店外に出ると、外は滝のような激しい雨が降っていた。

男は傘を持っておらず、コンビニでも売られていなかった。

自宅までは一駅ほど歩けば帰れるが、この雨ではびしょ濡れ程度では済まない。

「くそ、さっさと帰っていればよかった」

男がコンビニの入り口前で立ち往生していると突然、雨をぶった切るように右側から一台のバスが国道を走ってきて、コンビニの前に停まった。

コンビニの前はバスの停留所ではない。

「どういうつもりだ、このバス？」

男は不審に思いながら、バスの中を見た。

「なんだよ、こいつら……」

車内には白衣を着た女達がぎっしり詰まっている。

女達は全員、ナースだった。

完全に鮨詰《すしづ》め状態になっている車内は、ネズミ一匹通る隙間もない。

ナース達は車内から男のことを無言で見下ろしていた。

彼女らは生気のない青白い顔をしていたが、眼光だけは鋭かった。

ドンッ!!

バスの入り口付近から大きな音が響いてきた。

強引にナース達を押しのけて窓の近くに現れた男は、バスの運転手だった。

もはや制帽は被っておらず、紺色の制服も、ぐしゃぐしゃになっていた。

運転手は怯え切った表情で必死に車内から窓ガラスを叩き、男に助けを求めてきた。

「出して、ドアを開けてくれ!!」

しかし、ナース達は非情にも恐怖で錯乱する運転手の襟首を掴み、無理やり運転席に座らせた。

「おい、かなりヤバイことになってないか、このバス!?」

ようやく只事ではないと悟った男は、雨に濡れるのも忘れてバスに近付いていった。

しかしその途端にバスは発車し、激しい雨の中、国道の先へと消えていった。

バスが視界から消えるまで、ナース達は男に鋭い眼差しを送るのを止めなかった。

このときは気にしていなかったが後に思い出してみると、バスが現れたときも去ったときもエンジン音など車が走る際に出す音は、彼には一切聞こえなかった。

その後、すぐにこのコンビニはなくなり、周りのビルや店も消え、跡地には総合病院が建った。


この話を教えてくれたのは、長年建築会社に勤めていた羽田さんという男性だ。

跡地に建った総合病院の建築に携わったのも、羽田さんの会社だ。

ナースの詰まったバスと出くわしたのは、羽田さんの部下である。

「今の話と関係あるのか分からないが、あの総合病院、聞いた話によるとナースだけがとにかくすぐ辞めるらしい。それに病院建てる前からいろいろおかしなことがあったなあ」

総合病院の建設に、責任者として直接関わった羽田さんは言う。

「例えば何か建築物を建てるときはその土地で地鎮祭をするだろ？　その際、建物の関係者全員を集めて行うのが常識なんだが、そのときは俺を含め建築会社の人間だけは呼ばれなかった。どういう訳か、神主と病院関係者だけでさっさと済ませやがった。長年この業界で食ってきたが、そんな扱いを受けたのは後にも先にもそれだけだよ」

よほど悔しかったのか、羽田さんは語気を荒げて言った。

それでも大きな仕事だったので、羽田さんの会社は文句も何も言わずに、病院の建設作業を始めた。

「するとみんな見るんだよ、女のナースを。基礎工事の段階からね。まだ病院の体を為す前なのに、作業現場のいたるところをナースが横切ったり、立っていたり。病院関係者なのかと思って話しかけても無視して去っていく、或いはその場で消えるナースまでいた」

当時のことを思い出したのか、羽田さんはブルッと身体を震わせた。

「俺も何度か見たんだけど、期限が優先だから、部下達にナースなんかにビビッてるんじゃないって何度も怒鳴りつけていた。それでも厳重に鍵の掛かった配電室を開けたら、注射器を持ったたくさんのナースが立っていて、そいつらが一斉にこちらを振り向いたときはチビりそうになったな……」

現在その総合病院は、医療機関としての役割を終え、病院の母体となる親会社の事務所や研修所、予備会議室や倉庫等として使われているという。

これも羽田さんが噂として聞いた話だが、その元総合病院に勤める社員達は皆、素行に問題のある社員や、著しく能力の劣る社員ばかりらしい。

いわゆる左遷場所なのだ。

そしてそこに送られた社員達は、早々に自主退職していく。

「まあ、あくまでも俺の予想だが、その社員達も見るんだろうな、あのナースどもを」

羽田さんは嫌な思い出に顔をしかめながら、そう言った。

※

ナース繋がりで他の話を二つ。

ベテラン女性ナースの平林さんから聞いた話だ。

平林さんは今までの病院勤めで様々な怪異を体験してきたが、ベテランナースの彼女にとってそれらは仕事の邪魔にしか感じないらしい。

日頃から、「私達の相手は生きている人間だから。死んだ人間はお坊さんの所にでも行って!」と言っていた。

平林さんが現在勤めている病院では、かつてヒロタカさんという、センサーマットを使用する高齢の男性患者がいた。

センサーマットとは、患者のベッドの横に敷く安全装置のようなものだ。病院には単独で歩いたり立ち上がったりすると、転倒などの危険がある患者さんがいる。その患者さんが、認知症などによって自分の身体状態が分からないまま、ベッドから立ち上がって歩き回った際、センサーマットを踏むとすぐにナースステーションに連絡が届くという仕組みだ。

「ただ、このセンサーマット、悪戯《いたずら》が多いのよ。患者さんじゃなくてそれ以外の奴らね。どうやらこの世のモノじゃない奴らにとってセンサーマットは大好物みたい」

平林さんが以前、他の病院に勤めているときも、センサーマット絡みでおかしな出来事によく遭遇したという。

「センサーが鳴ったから病室に行ってみると、患者は何事もなかったかのようにきちんとベッドに寝ていることなんてザラ。それだけならいいけど、マットの上に血の足跡を残していったり、真っ黒なお地蔵さんが立っている、なんてこともよくあったわ」

平林さんは苦笑いしながら話を続けた。

最初に話したヒロタカさんは認知症を患っており、股関節の具合もかなり悪く、単独で歩くのは危険な状態だった。しかし、ヒロタカさんは元々活発な人で、夜中でも頻繁にベッドから起き上がって歩き回ろうとしてしまう。

そこで病院側はヒロタカさんのベッド横に、センサーマットを設置した。センサーが鳴るとすぐにナースが駆けつけ、歩き回ろうとするヒロタカさんをベッドに寝かせるのだ。

「お元気なのはいいんだけど、夜中に何度もセンサーが鳴って、そのたびに病室に行かなくてはならないのは参ったわ」

それは平林さんが夜勤のときに起きた出来事だった。

深夜、平林さんがナースステーションで、翌朝に患者に出すための薬を仕分けているとき、ヒロタカさんのセンサーマットが反応して警報が鳴った。

「はいはい、ヒロちゃんまたですか〜」

他のナースは違う仕事をしていてその場にはいなかったので、平林さんはうんざりした顔でヒロタカさんの病室に向かった。

ちなみにヒロタカさんの病室は個室だった。

声掛けをしてノックをすると平林さんは部屋に入ったが、薄暗い部屋のベッド上でヒロタカさんは大人しく眠っており、ベッドから滑り落ちた彼の足先が、マットに触れているということもなかった。

「またなの……」

平林さんは以前勤めていた病院での出来事を思い出し、ここではこれ以上面倒なことが起きないようにと祈りながら病室を出た。しかしその祈りも空しく、平林さんがナースステーションに戻ってすぐにヒロタカさんのセンサーマットは鳴った。

イラつきながら病室まで戻った平林さんは、ノックもせずにドアを開けた。

ヒロタカさんは先程と同じように静かに眠っている。

センサーマットの上にはまだ幼い少年が座っていて、笑いながら手でマットをバンバンと叩いていた。

「クソ忙しいのに舐めるんじゃないわよ」

怒った平林さんがマットに近付くと、少年は滑るようにしてベッドの下に隠れた。

平林さんは急いでしゃがむと、ベッドの下を懐中電灯で照らして覗き込んだ。

だが、そこには少年ではなく、髭面で顔中傷だらけの男が俯せになっており、ギョロッとした大きな目で平林さんを見つめていた。

男の手には、馬鹿でっかいコンバットナイフが握られていたという。

更に男の足元では、先程の少年の顔だけが笑いながらコロコロと転がっていた。

面食らった平林さんは、なるべく平常心を保ちながら黙って懐中電灯を消すと、すぐに病室から出てナースステーションに戻った。

その夜以降、ヒロタカさんは自分の顔を掻き毟って傷だらけにしてしまう自傷行為を何度も繰り返すようになった。

平林さんの話によると、不思議なことに爪で掻き毟った傷の中に鋭利な刃物でないと付けられないような切り傷が、幾つも混じっていたという。

「ドクター達は首を傾げていたわ。もう退院したから大丈夫でしょうけど……」

そう言うと、平林さんは更に他の病院での体験を話し始めた。


「これはとても後味の悪い話なのよ、個人的にね」

その病院でも平林さんは、強い認知症の高齢患者さんを看護していたという。

患者は山村さんという男性で、ほぼ寝たきり状態だった。

「ほとんど意識もなくてね。たまに覚醒していても軽く唸るくらい。家族も滅多にお見舞いに来なくて可哀想だった」

この体験も平林さんが夜勤のときに起こった出来事だ。

「山村さん、もう長くないわよね」

ナースステーションで一緒に夜勤勤めをしていた同僚ナースが、そんなことを言った。

「そうだね……」

平林さんは書類を整理しながら、曖昧に答えた。

そのとき、ナースコールが鳴った。

「うそだぁ……」と同僚は、驚いた。

「うん、どうしたの。誰からの呼び出し……ああっ、まさか⁉」

機械のパネルに表示された、ナースコールを押している患者名を確認すると、平林さんも同僚と同じような声を上げた。

ナースコールを押したのは、山村さんだった。

寝たきりで認知症の山村さんが、自分でナースコールのボタンを押したことはこれまで一度もなかった。

「何かの拍子に身体がボタンに触れたんじゃない？　ちょっと確認してくる」

平林さんは山村さんが寝かされている病室に急いで向かった。

病室は四人部屋だったが、そのとき利用しているのは山村さんだけだった。

「山村さ〜ん、どうかしました？」

答えるはずがないのは分かっていたが、平林さんはそう言いながらベッドを囲うカーテンを引いて中を見た。

ベッド上には長い寝たきり生活で、全身の関節が硬直してしまった山村さんが身じろぎひとつせずに眠っていた。

「自分の意志で押せるはずないよね」

平林さんは次に、ベッドの端に置かれているはずのナースコールのスイッチがどうなっているか確認した。

「これってどういうこと？」

平林さんが声を上げるのも当然で、通常は一つのベッドに一本のはずのナースコールのコードが、なぜかベッド上にたくさん伸びている。

ざっと見て十数本はあるだろう。

平林さんは最初のうちは驚いていたが、そのうち腹が立ってきて、「人が忙しいときにくだらない悪戯してくれるじゃない」と言って、たくさんあるナースコールのボタンを片っ端から押しまくった。

幾つものボタンを押したが、全て無反応だった。

ボタンを押している間も、コードがどんどん増えていく。

平林さんはヤケになって暫くの間、増え続けるボタンを必死になって押していた。

ふと気付くと平林さんは山村さんのズボンとおむつを下ろして、彼の一物をしっかりと握り、その先端を一生懸命押していた。

「ひゃあっ!!」

さすがに悲鳴を上げた平林さんは、急いで山村さんのおむつとズボンを引き上げると近くにあった消毒液で手を洗い、バツの悪い思いをしながら病室を去っていった。

数日後、山村さんは亡くなった。

「私のせいで亡くなったなんて思いたくないわね。山村さん、相当弱っていたから。それよりも忘れられないのは、私が山村さんのアレを握っていたとき、九十歳を超えた彼のアレがギンギンに勃《た》っていたことなの……」

ちなみに平林さんも冒頭の正体不明のナース達が現れる総合病院で働いたことがあった。

そしてやはりすぐに辞めた。

理由を訊いてみると、人間関係の悪さだという。

「特にナース、ここで言うのは生きているナース達のことだけど、とにかくその人間関係は最悪だった。険悪とかのレベルを通り越して殺意すら感じたし。当時、よくあれで病院の運営が成り立ったものだと感心したくらいだわ」

件の元総合病院の建物は現在も使われており、今もそこに勤める人々がいる。

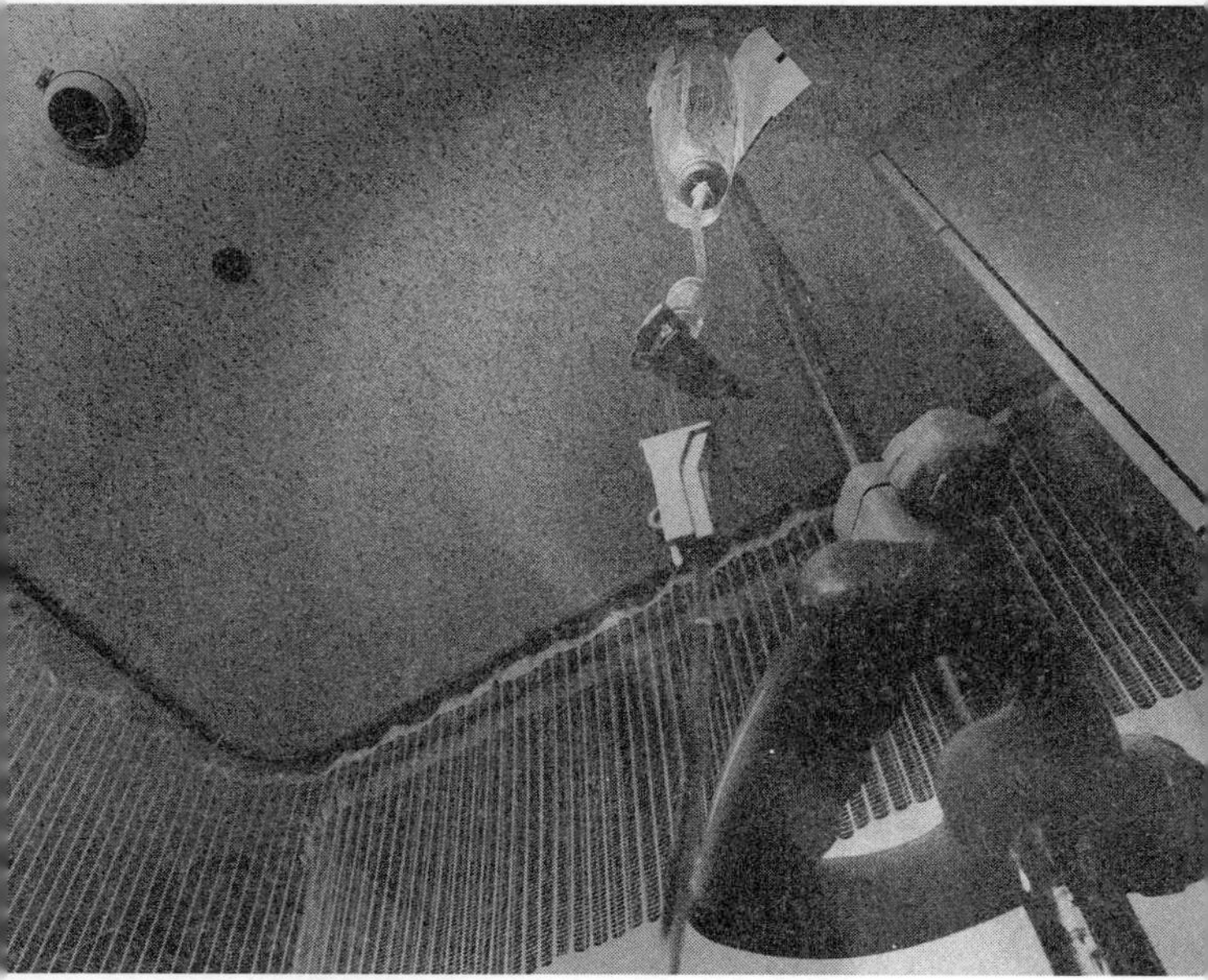

小児病棟にて

つくね乱蔵

小児病棟の看護師、芳江さんに聞いた話。

担当の患者に、入退院を繰り返している翔太君という少年がいた。

本来ならば小学二年生なのだが、とてもそうは見えないほど華奢《きゃしゃ》な身体をしていた。

最近は家よりも病院にいる時間のほうが長い。

けれど調子の良いときなどは、病棟内を車椅子で走り回り、僕が知らない所はないと自慢していたそうだ。

「いたずらっ子でね。シールが大好きで、良く背中に貼られたものよ」

翔太君は入院する度、いつも同じ車椅子を要求したという。他と区別するために、シールをベタベタ貼っていたそうだ。

本来ならば許されない行為ではあるが、病院側は好きにさせた。

それほど長くはない命と判っていたのである。

ある日、いつものように車椅子で看護師詰所に向かう途中、病状が急変した。

医師達の救命処置の甲斐なく、翔太君は亡くなってしまった。

その夜から、奇妙な悪戯が頻繁に起こるようになった。

病棟の車椅子が勝手に場所を変えるのだ。

同じ方向を向いて整理されたはずの車椅子が、朝になると好き勝手な方向を向いている。

それは小児病棟のみならず、全ての病棟や外来にまで及んだ。

誰かがやっているのだろうが、目撃者がいない。深夜遅く病棟を徘徊していたら、警備員や看護師の目に付くはずである。

最初に噂し始めたのは、実習中の看護学生であった。

小さな影が車椅子に纏《まと》わりついていたと言うのだ。

その影はあちこちをふわふわと漂いながら、何かを探しているように見えたらしい。

それを耳にした芳江さんは、祥太君がお気に入りの車椅子を探しているのではないかと思ったそうだ。

それならばと自分でも探してみたのだが、何処にも見当たらない。

不思議に思い、芳江さんは婦長に訊ねてみた。

「あぁ。あれね、設備課でシール剥がしてもらってるのよ」

幾ら病院内に詳しいとはいえ、翔太君が設備課の場所を知っているはずがない。だから病棟や外来を探し回っていたのだろう。

「あ、噂をすればよ。綺麗になったみたい」

婦長の視線の先には、車椅子を押す設備課員がいた。

「これ、お待たせしました。あの、よしえさんて方おられます？　看護師さんだと思うんですが」

「はい、私ですけど」

「このメモ、車椅子のポケットに入ってたんですが」

そう言って設備課員は紙片を手渡した。

開けてみると幼い文字で、こう書かれてあった。

よしえかんごしさん いつもありがとう。だいすきです。

「どうやらね、そのメモを探してたみたいなのよ。可愛いことするわよねぇ」

あはは、と芳江さんは豪快に笑った。笑い過ぎたのか、その目が潤んでいる。

「ちょっと化粧直してくるわ」

そう言い残してトイレに立った芳江さんは、しばらく戻ってこなかった。

旧棟地階

神沼三平太

　夏子さんがまだ二十歳の頃、仲の良かった友人が交通事故で入院したとの知らせを受けた。すぐ見舞いに行くと、彼の入院している総合病院は古く、地元ではお化けが出るとの噂がある病院だった。

　幸い友人の命に別状はなかったが、足と手を骨折し数回の手術を要するとのことで、半年は入院になるという。友人は〈変な噂がある〉と、酷く怯えていた。

　できるだけ顔を出してほしいと頼まれたので、可能な限り毎日病院へ通うことにした。

　当初はベッドの上で殆ど動けず、病室で雑談をして時間を潰すくらいしかできなかったが、徐々に車椅子で動けるようになった。

　そうなると夏子さんが車椅子を押し、気晴らしに病院内や庭を散歩するようになった。

　彼女が病院に通うようになって、ひと月程が過ぎた。

ある日、夏子さんが顔を出すと、彼は待ってましたとばかりに、同じ入院患者さんから聞いたという噂話を聞かせてくれた。

昨晩、夜勤の看護師さんが巡回中に行方不明になったというのだ。

同僚が探し回っていると、旧棟の地階の使われていない部屋で倒れていたらしい。特に病気や怪我はなかったが、奇妙な話をしたという。

深夜、彼女が院内を巡回していると、白いパジャマ姿の患者さんがふらふらと歩いていたので、病室へ戻るように声を掛けようとした。しかし、何故か追っても追ってもなかなか追い付けない。最終的に患者さんは旧棟の地階にある、隠されたような小部屋へと逃げ込んだというのだ。

今まで勤めていて、こんな部屋があるというのは聞いていない。恐る恐る部屋の中へ入って患者さんを探していると、突然背後から叫び声がした。

驚いて振り返ると、目も口も真っ黒で、穴のように大きく口を開いた何かが覆いかぶさってきた。恐怖のあまり気が遠くなり、そこから記憶がないというのだ。

この話を教えてくれた患者さんによれば、話を聞いていたもう一人の看護師さんも、以前に同じ目にあったことがあると話していたらしい。古い看護師さんの間では、あの部屋に入ってはいけないという暗黙の了解があるようだ、とのことだった。

熱心にそんな噂話を話す友人のことを見ているうちに、夏子さんも、そこがどんな部屋なのか、また何に使われていた部屋なのかと、興味が湧いてきた。

今日はその部屋を探してみようかと訊ねると、彼もその言葉を待っていたようで、その日の散歩コースは旧棟の地下を探検することに決まった。友人を車椅子に乗せ、旧棟のエレベーターで噂の地階へと行き、その部屋を探し始めた。

旧棟も幾つかの診療科目で使用されているので、勿論騒ぐことなどはできない。古い建物の雰囲気と相まって、嫌でも背筋が寒くなっていく。

レントゲン室や薄暗い売店の横を通り、更に奥へ進むと、安置室と書かれた看板が見えた。

「もうここから先に行くのはやめとこうか」

友人も無言で頷いた。

そこでUターンをするために車椅子を切り返していると、友人が身を乗り出した。

「これ、部屋のドアだよね」

指差した壁には、確かに爪先で引っ掛けないと開けられないほどの浅く小さい取っ手が彫られている。どうやら引き戸になっているようだ。

夏子さんは心臓が高鳴るのを感じた。

「鍵穴もないし、もしかしたら開くのかな」

横に引くと、扉は音も立てずに開いた。真っ暗な部屋の中から冷凍庫でも開けたかのような冷たい空気が流れ出した。

「ここだね」

「うん。ここだと思う」

先程まで廊下の先から聞こえていた、人の声や物音が聞こえなくなっている。

「ヤバイよ。部屋に帰ろうよ」

異変を感じて声を掛けたが、友人は黙ったまま暗闇に向かって指を差している。その方向に目を凝らすと、暗闇から白くひらひらした物が近付いてくる。

次の瞬間、真っ黒く抜けた目に大きく開いた黒い口の顔が目の前に現れた。

夏子さんがエレベーターのほうへ逃げようと、必死で友人の車椅子を動かそうとしたが車輪が動かない。何事かと車輪に視線を落とすと、友人がブレーキを掛けている。

「何してんのよ！」

怒鳴り声を上げて、友人の手をブレーキから外し、車椅子を押して走り出す。

エレベーターまで走りボタンを押す。再び後ろを見ると、白くひらひらした物がこちらへ近付いてくる。

——早く来て！

何度もカチャカチャとボタンを押していると、ポーンという音とともにドアが開いた。急いで乗り込み、閉じるボタンを何度も押す。ドアの外、閉まりかけた隙間からあの顔が覗いた。

悲鳴を上げる間もなくドアは閉じた。

本館までとぼとぼ戻ると、少し落ち着きを取り戻せた。

夏子さんは、「さっき何でブレーキを掛けたのよ」と文句を言った。

すると、彼はぽかんとした顔をした。何も覚えていないらしい。

「あの部屋の扉を開けたときに、奥に優しい顔のお婆さんがいてさ。おいでおいでってしてたから、早く行かなくちゃって思ったんだよ」

しかし、そこから後の記憶がない。次の記憶はエレベーターを出たところだと彼は首を振った。

友人はその後、無事退院したが、あの部屋についての詳細は、看護師に訊ねても誰も教えてくれなかったらしい。

「その話は、この病院ではしないで下さいね」

いつも優しく接してくれていた看護師達が、彼があの部屋に入ったと知って以降、腫れ物に触るような扱いをするようになった。

友人にはそれが怖かったという。

うでおろし

神　薫

医療機関がたいへん混み合う土曜の午前中のことだった。

その男は、「おろせえ」とおらびながら、西野医師の経営する産婦人科クリニックに駆け込んできた。

「まるで殴り込みのような勢いだったなあ。うちは完全予約制なのに、そいつはアポなしでいきなり来院した上、スリッパに履き替えず土足で上がってきたんだ」

西野医師は当時のことを今も鮮烈に思い出せるという。

ご存知のように、産婦人科は妊婦を対象とする産科と、女性特有の疾患を扱う婦人科から構成される。

「そんなところへ、付き添いでもない男性がわめき散らしながら上がってくるんだもの、いったい何事かと思うじゃない」

予約患者を診察中だった西野院長の耳にも、「おろせつってんだ、ごるぁっ！」という怒声が待合から届いた。

「待合の妊婦さんたちが怖がって悲鳴上げるし、診察前なのに逃げ帰っちゃう人もいた。うちの受付の娘も怯えるし、酷い営業妨害だったわ。やむを得ず、診察を中断して俺が応対した」

男は長年様々な汚れを重ね付けするうちに、自然とカモフラージュ柄になったというような感じの不潔な服を着ていた。その髪は脂《あぶら》じみて肩まで伸び、その顔と身体は泥とも垢《あか》ともつかない汚れにまみれていたという。

唾をまき散らしながら「おろせおろせ」と叫ぶ男に、院長は注意した。

「患者さんがびっくりしますので、病院で大声を出さないで下さい!!　騒ぐと警察を呼びますよ」

男は血走った目でじっとりと院長をねめつけてきた。

「〈警察は困る。おめぇが医者なのか〉と訊かれたので、そうだ、と答えたけれどね。一目見てまともじゃないと感じた」

医師を呼び出すことが目的だったのか、西野院長が医師だとわかると、男は急に大人しくなった。

「何の用ですかって言ったら、〈腕を診てくれ〉って言うの。うちは産婦人科だから、〈腕ならここじゃないよ、整形外科だよ〉って言ったんだけど」

「おめえヤブだな、医者の癖にわかんねえのか。腕にガキがいるんだよ、こっちゃあ！」

そう言うと、男は左腕の袖をまくり上げて院長に突きつけてくる。

その台詞を聞いて精神科の領域だと感じた院長は、〈あなた向けの整形外科医院を紹介するから、少し待っていなさい〉と言って男を待合で待たせようとした。

「待たせておいて、受付から通報させるつもりだったんだ。でも、そこは勘の良い男で、〈警察を呼ぶ気だろう！〉って飛び出して行ってしまった」

まだ、元号が昭和であった頃の話である。


次の話もまた、昭和の出来事だという。

今でこそ複数の医院が開業しているが、その当時、西野産婦人科クリニックから徒歩圏内にある整形外科は、長谷川医院一軒のみだった。

長谷川医院で看護助手をしていた志保さんは、かつて変わった男に応対したことがある。

その男が来院したのはある土曜日、正午を少し過ぎた頃だった。

「でかくなる前に、ガキ殺してくれぇ！」

男は叫びながら靴のまま上がって来た。幸い長谷川医院は欧米式と言おうか、スリッパに履き替えなくてもよい仕様になっていた。

「やつれた感じの男の人が自動ドアから入ってきて、〈医者はどこだ、医者を出せ〉とか、〈腕ん中にいる、おろせおろせ〉って叫んだんですよ」

まず男を落ち着かせなければ、と志保さんは考えた。

「怪我をしたか、誰かに怪我をさせたかして、気が動転している人なのかと思ったものですから」

彼女は努めて事務的な態度をとり、「今日はどうされました?」と男に話しかけた。

全体的にくたびれた風体の男は、志保さんの質問に叫び返した。

「腕だ、腕おろせ。レントゲン頼む、レントゲンがいい!」

男は興奮しながら、自分の左前腕をしきりに指さす。

「左腕の真ん中が少し腫れていたんで、打撲かしらと思いました。初診の人には書いてもらう決まりなので、その人にも問診票を渡したんですけれど」

ボールペンと問診票を渡すと、男はたどたどしく住所氏名の欄を埋めた。

たいへんな悪筆で書かれたその個人情報は、全てでたらめであったことが後にわかっている。

「来院目的のところに、〈うで　にんしん　おろす〉と平仮名で書いてあったので、こりゃすごい人が来た……と思いました」

志保さんが〈この方ですが、どうしましょう〉と問診票を見せて相談したところ、長谷川医師は〈一応診よう〉と答えた。

「私がその人を診察室に案内したんですけど、長谷川先生が何を訊いても、その人〈おろせおろせ〉と〈レントゲンあてろ〉しか言わないので、会話が成立していませんでした」

男が〈ガキができた〉と指さす左腕前腕は、ぷっくり楕円形に盛り上がって見えた。

「先生が触診して揉んでも、その人〈痛くねぇ〉って言っていたので、骨折じゃなかったようです。もし折れていれば、触られると痛みますので」

医師は男のシャツを脱がせて脇の下から指先に至るまで、念入りに彼の左腕を視診、触診した。

志保さんは男の腕に触ってはいないが、腫れたところは見た感じ〈ぷよぷよしていて、水かゼリーのような物が中に溜まっているよう〉であったという。

「先生が言うには〈傷はないいんだがなあ。とりあえずレントゲン撮って〉と……その人の希望通りレントゲンを撮ることになったんです」

レントゲンが得意とするのは、骨など硬組織の診断である。

脂肪や筋肉、神経などの軟部組織の診断には磁気を利用するＭＲＩが適しているが、高価なため、個人開業の長谷川医院にはその設備がなかった。

促《うなが》されるまま、男は大人しくレントゲン室に入った。

放射線技師の指示に従い、台に横になった男が左腕を伸ばす。

「じゃ、撮りますよ。いいと言うまで動かないで下さいね」

男一人を中に残し、レントゲン室の扉が閉じる。

患者の左腕の膨らみに放射線技師がＸ線を透過させた時――男は突然ガバと起き上がり、わめいた。

「やった！　やったやった、レントゲン当ててやった！！」

撮影を中断した放射線技師が撮り直しさせようと扉を開けた時、男は技師に体当たりするようにして駆け出していった。

「レントゲン当てた、死んだ死んだ！　レントゲンだ、殺してやった！」

大声で歌うように叫びながら、男は長谷川整形外科医院から出ていった。

「すぐに後を追いましたけど、ものすごく足が速い人で見失ってしまいました。結局その人、初診料とレントゲンの代金を払わずに逃げちゃったんですよ」

ただでさえ忙しいのに、これ以上の面倒事はごめんだということで、長谷川医師はこの件を警察沙汰にはしなかった。

男の変てこな言動に好奇心を刺激された志保さんは、後に放射線技師からそのレントゲン写真を見せてもらった。

「ただ、撮影途中で動いちゃっているので、写真はブレブレだったんですけど」

男が〈妊娠している〉と主張していた左腕のレントゲン写真には、灰色に霞《かす》んで見える液体の中に、うっすらと勾玉《まがたま》のような物体が写っていた。

「勾玉みたいな物の中に、白く骨が写ってたんです。ネズミくらいの大きさで、作り物にしてはやけに精巧に出来ていると思いました」

ネズミにしては顔面の骨が突出しておらず、丸いのが気になった。

「顔を削って加工したネズミを腕の筋肉の間に挿入したらそんな感じに見えると思うんですけど、先生が手先から肩口まで視診した時、どこにも傷がないって言っておられたんですよね」

異物を挿入いたのでなければ、何故腕にそんな物が入っていたのかは、志保さんにも見当がつかないという。

「もしもあれが本当に胎児だったとしても、レントゲンを撮ったからって必ずしも死亡するわけじゃないんですよ。催奇形性《さいきけい》がほんの少し上がるくらいで――」

その後、男とその左腕がどうなったのかはわからない。

チュルッと

小田イ輔

R先生は地方の大学病院に勤める医師である。

週に何度か近隣の病院へ派遣され、泊まりがけで診療にあたる。

「給料安いもんでね、そうやってバイトしないと食ってけないんだ、ホントだよ」

その日は、初めて出向く病院での当直だったこともあり、多少の緊張と共に最寄り駅からタクシーに乗り込んだ。

「疲れている時に限って、やけにそういうカンが働くもんでね」

シートに体を預け、何気なく窓の外を見ていると、妙なモノが目に入ったという。

「車の左前方、ちょうど派遣先の病院がある辺りから、空に向かって光の柱が立ってた」

不思議に思い運転手に問うてみるも「なんのことですか？」と素っ気ない返答。

「僕には鮮明に見えているのに、運転手さんには全く見えていないみたいでね、するとコレ、ちょっと妙なモノかも知れないなと」

もともと「みちゃうタイプ」であるというR先生は、自身の目に映っている光景を好奇心半分、恐怖心半分で眺めていたそうだ。

「近づくほど光の柱がハッキリしてくるの、どういうことなんだろうと」

病院の門を潜りタクシーを降りると、郊外というには山深すぎるその敷地に立つ。

「驚いたよ。駐車場全体に何だかキラキラした粒子みたいなのが舞ってて、それが空に向かって一直線に上っていってるんだ」

見たこともない光景に唖然としつつ、光る粒子を眺めながら院内に入った。

「そこは、いわゆる『お看取り病院』ってやつで、入院は殆ど高齢の患者さんなの。病気を治すっていうよりも、苦痛を和らげるための医療を提供してるようなとこ」

病を患い治療を受けたものの寝たきりとなり、在宅でも施設でも対応の難しい状態の高齢者が、行く場もなく静かに最後を待っている、そういう病院。

「だから必然的に亡くなる患者さんも多くてね、死亡確認と死亡診断書を書くためだけの当直だって聞いてはいた」

実際その晩も、R先生は高齢の患者を二人看取った。

※

「不謹慎かもですが、ちょっと素敵ではありますよね？　綺麗な粒子に囲まれた病院なんて、正に『天に召される』にふさわしいというか」

そう感想を述べた私に、R先生は言った。

「確かに、視覚的にはそうなんだよ。メルヘンチックな捉え方をするなら、今にも羽の生えた天使がラッパでも吹きながら降りてきて、亡くなった方々の霊魂を天に導いていくみたいな……ただねぇ……」

先生は頭をかきながら、渋い顔で次のように続けた。

「僕は、その病院の敷地に入ってから、ずっと妙な感覚があったんだ。上に向かって引っ張られるっていうのかなぁ、髪の毛を下敷きで擦って静電気を起こした時のようなさ」

院内の診察室、医局、当直室、全ての場所で上に引っ張られる感じがあったらしい。

「亡くなった患者さんの死亡確認のために病室に入るでしょ？　そしたらその感覚が更に強くなってね」

まるで何者かが自分の頭頂部に口をつけて吸い上げてくるような感覚。

「目玉焼きの黄身をさ、こう、真上から口を付けてチュルッと吸ったりするじゃない？　そんな感じ。もちろんこの場合の黄身は俺ね」

今もその病院に行くことがあるという先生は、腕組みしながら言う。

「目で見る分には綺麗なんだけど、体感的にはものすごく気持ち悪いんだよ……病院がどうこうっていうよりも、あれはもともとああいう場所だったんじゃないかなぁ。あの世に近いっていうか何ていうか……んーでもわかんないな、ああいう場所だから『お看取り病院』になったのか『お看取り病院』ができたからああいう場所になったのか……どうなんだろうねえ……うーん……」

なのへや

黒木あるじ

ベテラン看護師のT子さんから「場所が絶対ばれないように執筆する」という条件で、こんな話を聞かせてもらった。

いまの病院にもう十年以上勤務しているんだけどね。ある病室、しかも特定のベッドを使った入院患者さんだけ、妙なことを言うのよ。

夜になると、顔がごっそりえぐれた三人組がベッドの脇に立って、患者さんを見下ろしながら「な」「な」って、ぼそぼそぼそぼそ呟くんだって。

一人か二人なら錯覚や幻覚で済ませても良いんだけど……多いのよ。

ここ十年間、私が知ってるだけで二十人くらいが「な」の三人組に会ってるの。声だけ聞いたって人もいれば、その目で明瞭《はっき》りと見た人、なかには腐ったようなにおいを嗅いだと主張する人まで、体験の度合いはバラバラなんだけどもね。

いやいや、対処なんかしないわよ。だって「変なものが出ましたから、病床を変えましょうね」なんて言えないでしょ。変な噂が立ったらこっちが怒られるし。だからその場は「麻酔の所為《せい》ですかね。先生に言っておきます」と軽く受け流しておいて、ナース・ステーションに戻ってきてから「またよ」「えっ」なんて言いあってるの。

看護師たちは患者さんにバレないよう、こっそり「なのへや」と呼んでるけど。ま、それが原因で死んだりおかしくなった人は誰もいないから、こっちもそんなに不安視はしてないのよね。そんなことをいちいち気にしてられるほど病院はヒマじゃないもの。「な」が出なくても、毎日が命の瀬戸際だから。

こんなんで良いの？　ほかにも話せる出来事があったような気もするけど、ちょっとすぐには思いだせないなあ。

（その話は、およそ何年前から聞かれるようになったのか──という私の問いに）

ええと……たしか、勤めはじめた直後くらいだったかなあ。先輩に聞いたけど「そんな話、はじめて聞いた」みたいなこと言ってたから。やっぱり私がここに勤務したあたりからじゃないの。え、まさか私が原因じゃないよね。勘弁してよ。

あ、思いだした。

たぶん最初にそれを聞いた人、若い患者さんだ。交通事故で昏睡してたんだけど、意識が戻ってまもなく、真夜中にナースコールされたのよ。

「友人がベッドの脇に立って〝な、な、な〟と言い聞かせるように頷いているんだ。もしかしてあいつらは死んだんじゃないのか。俺を責めてるんじゃないのか」

そんなことを毎晩言ってたっけ。そうだそうだ、彼が最初だわ。幸い後遺症もなく退院したけど、けっこう悲惨な事故だったから印象に残ってたの。

（私、どのような事故だったのかを問う）

その人、友だちの車に乗っていて市内で事故ったのよ。同乗していた三人は、残念ながら亡くなってね。「祟りか」とかって新聞に載ったんじゃなかったかな。

きもだめしで山に行ってね、その帰りに自損事故を起こしたって話だったっけ。

ちょっと待って。じゃあ、あのときの三人が、ずっとあの場所に……ってこと？

ああ、思いだすんじゃなかったなあ。せっかく気のせいだと思っていたのに。

ザールの標本

小田イ輔

今から二十数年前、当時、Sさんは看護学生として病院に勤務していた。

「学生っていっても一応、准看護師の資格はあったから、正看護師になるための学校に通っていたの、三年制の夜間部」

昼間は病院で勤務し学校へは夕方から通う、そんな生活を三年間続けるのだそうだ。

「慣れれば特に問題ないんだけど、慣れるまでが大変よ。生活のリズムなんてガタガタになるし、時間の感覚も曜日の感覚もおかしくなっちゃうから」

よって、続かない人間はすぐに辞めてしまう。

「病院側もそれを承知で雇っているフシがあって、毎年、結構な数の学生を採用するの。だけどその中で卒業まで勤め上げる人はほんの一握り」

その年も、准看護師になりたての学生が何人も病院に採用され、二年生だったSさんは一年生の教育係となった。

「三年生になると昼間に学校の実習が始まるから、勤務はほとんど夜勤になっちゃうのね。だから昼間のうちは二年生が一年生を指導する形になるわけ」

指導といっても医療処置に関してのものではなく、器具の洗浄や滅菌、診療の準備など雑用に関してのものがほとんどだが、それらの業務が膨大にあるのだという。

「けっこう大変でね、教えたことをしっかり覚えてくれないと困るから、こっちもキツい感じの指導になっちゃうしさ。後輩には疎まれるわ先輩にはドヤされるわで一日中イライラしっぱなし、上も下もピリピリしてて」


そんな環境に放り込まれた新人たちの中に、Fさんという女の子がいた。

「一生懸命なんだけど物覚えが悪い娘でね、事あるごとに『すみませんすみません』って謝っちゃうようなタイプ。まぁ、やる気はあったし頑張ってたから、私は気に入っていたんだけれどね」

彼女が妙なことを言い始めたのは勤務を始めて数か月、夏の終わり頃だった。

「『中国かどこかの人が入院してますか?』って言うのね」

今なら地方都市であっても中国人は珍しくない。

しかし、その頃は田舎で中国人を見かけることは殆どなかった。

「だから私ね、訊いたの、『なんで？』って」

Fさんは「勤務中に中国語のような声が聞こえる」とSさんに訴えた。

「ああ、これはちょっとストレスかけすぎちゃったかなって」

看護の世界に憧れはあるものの、実際に入職してみると想像と現実のギャップについていけず、ストレスに耐えかねて心身の不調を訴える学生はたまにいるのだそうだ。

「あるいは、辞めたいけど親とか学校に気兼ねして言い出せないから、察して欲しくてそういうことを言い出す子もいるよ」

Sさんが見る限り、Fさんは後者のタイプではなかった。

「仕事には真面目に取り組んでいたし、できないなりにしっかり勉強もしていたから、わざとそんな素っ頓狂なことを言い出したわけじゃないんだろうなってのは思った」

Fさんは「仕事中、たびたび中国語みたいな声が聞こえ怖くなる」と言う。もちろん中国語などわかるはずもないので、その声が何を喋っているのかは理解できないものの、どうも助けを求めてでもいるように聞こえるため、つい気を取られケアレスミスを連発する日々が続いているらしかった。

「ずっと同じことを繰り返し言ってくるんだって、もにゃもにゃって」

一応、指導係としては、後輩の様子がおかしくなった場合、師長に報告することが義務付けられていた。

「でもね、そのパターンだとみんな辞めちゃうのよ、居づらくなって」

病院で働いている看護師は大なり小なり新人の頃には同じようなストレスを抱え、それをなんとか乗り越えて仕事を続けている人たちである。故に最初の数か月でぼろが出るような人間は同情とともに突き放されることがままある、とSさん。

「資格を取っても仕事を続けられるかどうかは別だからね。だからストレスに耐性ないタイプの子は、頑張って続けても報われないことの方が多いの。だったら若いうちにこっちの道は諦めて他の道を探せばって。冷たいようだけど、今は私もそれが一番だと思ってる」

ただ、この時はSさんもまだ学生。

「もう少し様子を見ようって、思っちゃったのよ……」


それから、Fさんは明らかに調子を崩していった。

「やっぱり集中できないみたいで、毎日のようにインシデントの報告書を書いてたな」

——これは、ちょっとマズいかもしれない。

そう思い始めたある日の勤務中、彼女は先輩に呼び出された。

「Fがいないって言うのね。そのうえ、頼んだ仕事が終わってないって」

Sさんは下駄箱に彼女の靴が残っているのを確認すると、手当たりしだい病院中を探してまわった。

「病棟にも外来にもいなくって」

気が付けば手術室の前まで来ていた。

「もうその頃はほとんど使われてなかったの。先生も高齢になって、オペが必要な患者さんは他の病院に紹介するっていう形がほとんどだったから」

簡単な手術が週に一件あるかないか、それ以外は、朝と夕方に器械類を滅菌するためだけの場所になっていた。

「だからザール（東北地方で多い手術室の呼び名）付きの看護師とかもいなくってね」

その時間、手術室には誰もいないはずだった。

「でも、なんか気配がするから立ち止まったんだよね」

真っ暗な手術室に隣接した医師用の待機室、気配を探るSさんの耳に聞こえてくるのは
「うん、うん」と頷きを返すような、Fさんの声。

「『アイツ！　こんなとこで！』って」

イラ立ちながら勢い込んでドアを開けたSさんの前で、Fさんは手術室に備えられた骨格標本を抱いて虚《うつ》ろな表情を浮かべていた。

彼女は乳飲み子をあやすようにゆらゆらしながら「先輩、この方でしたぁ」と言う。

「あのさ、歪んだ笑顔って見たことある？　どういう感情がそこにあるのか全く分からない、泣き笑いみたいな顔、それでも口角だけは上がっているっていう」

異様な光景だった。歪《いびつ》な笑みを作るFさんと、彼女に手を握られている骨格標本。

「何やってんの！」

あまりの状況に怖気《おじけ》づいた自分を鼓舞するように、Sさんは大声で叫んだ。

――え？

途端にFさんの顔から笑みが消え、ボロボロと涙が溢れ出す。

「何？　なんなの？」

Sさんは立ち竦《すく》んだまま、そう言うので精一杯。

――この人が、国に帰りたいって。

泣きながらも骨格標本から手を離さず、そうFさんは呟いた。

「もう、どうしようもないから部長に報告して」

すべては内密に処理された。

「要はさ、学生が勤め先の病院でおかしくなったなんて噂が流れたら、次の年には誰も入ってこなくなるじゃない。そんなに激務なのかって思われちゃったらさ」

Sさんも、固く口止めをされた。

「まあ、もう二十年以上前のことだからね、時効でしょ」

Fさんが抱いていた骨格標本には何か曰くがあったのだろうか？

「それがね、暫くあとで先生に訊いたんだけど、アレ、本物の人骨を使って作られてたって。当時からしてもう何十年も前からあったらしく……普段は布に覆われていて医者以外は立ち入らない場所に保管されてたから、私もあの時に初めて存在を知ったんだけどね……普通はインドか中国だったらしいよ、骨格標本の輸出元」

ガスパン

平山夢明

「結構、ハマってる奴はいると思います」

貫井さんは歯科医師歴二十年のベテランだ。

「今から百六十年ほど前、アメリカの歯科医が患者さんに使って抜歯したところ全然、痛みを感じさせずにできたというのがはじまりだったんですけれど」

硝酸アンモニウムを二四〇度以上に加熱することで発生する亜酸化窒素というガスを吸わせることで鎮痛作用を及ぼすそれは、一般に「笑気ガス」として知られている。

「使い方は簡単で、ガスの入っているボンベから伸びた吸引用マスクを被せるだけ」

吸うと直後に手足がぼんやりだるくなり、緊張が解け、多幸感に包まれる。すると抜歯前の麻酔注射に対しても恐怖が薄らぎ、自然と受容《うけい》れられるようになるのだという。

多少は飲酒時のほろ酔い加減に似ているのかもしれない。

ボンベからの排気には酸素七〇パーセント、亜酸化窒素三〇パーセントが調整してあり、タイマーによるオンオフも可能。

「教科書には後遺症や中毒性は全くないと書かれているんだけれど。でもそれは肉体的という意味なんですね。精神的な依存はありますよね」

貫井さんは一時期、ハマったことがある。

「仕事が忙しくって何日も寝てないときや、プライベートで厭なことが続いたりしたときによく使いましたね」

当時勤めていた病院で、残業として深夜ひとりのときに、治療椅子に座りガスを吸った。吸引時間は通常診療に使うよりも当然、長い。

「人間の顔にはいろいろと閉鎖空間があるんですよ。そこにガスが沈滞するんですね」

多幸感に浸ってしばらくすると鼓膜が張ってくる。音が突然、明瞭になり、それにつれて視界もクリアーになる。

「なんだか全てが生々しいんです。音はもうライブっていうか、今まで聞いたことのない迫力だし、視界も色味がくっきりして……」

感覚が研ぎ澄まされたというより、世界を『神の雑巾』で磨き上げたようになるという。

「でも、一日に一回が限界なんです。体調も関係してきますし」

味を占めて再挑戦すると大概、吐いてしまう。

「それはもう気持ち悪いもので……」

やがて、貫井さんはやらなくなった。


彼の後輩に沖田という男がいた。沖田は真面目で大人しい性格だったが、それが災いして無理な残業を強いられることも多かった。

「腕が良かったんで院長から変な意味で頼られちゃったんでしょうね」

その沖田がハマってしまった。

「ひとりの残業も多かったし、彼は備品棚や保管庫を管理していましたから」

ボンベが空になるのが早くなった。

「一本で四万円ぐらいするんですが、大学病院でも余裕で二カ月近くは保つものが」

十日ほどで空になった。

当然、病院でも気づきそうなものだが、備品の発注管理も沖田に一任されていたので、相当期間発覚することはなかった。

「僕がピンと来たのは有線なんです」

その日、治療中にかかった曲が偶然、笑気ガスで飛んでいる最中に耳にする曲とぴったりだったのだという。

「曲っていってもそれは、酸素を沸かしてる瓶のたてる音なんですね。ボコボコボコって
いう。ガスが効いてくるとそれが、ズンズンズンっていう重低音気味の音になるんです。

こう軀《からだ》を浮かせるような。その音にピッタリの曲が有線で流れてね。そんなのなかなか聞
いたことがなかったんで、びっくりしたんですね」

あれっと顔を上げると、沖田も何か耳で探しているようにスピーカーをじっと見つめて
いたのだという。

……こいつやってるな。

貫井さんはその姿を見て、確信した。

「それである晩、やはり奴が残業を言いつけられた日に、戻ったんです」

チャイムを鳴らしても返事がない。

しばらく待っていると窓から沖田が顔を出した。

表情は弛緩し笑っているように見えた。笑気ガスと呼ばれる所以だ。

「おまえ、大丈夫か」

白衣の胸元を反吐《へど》で汚しているのを見た貫井さんは、思わずそう声をかけた。

バツの悪いところを見られた沖田は顔をこわばらせたが、貫井さんが自分も経験者だと
告げると緊張を解いた。

「おまえ、どのくらいやってるんだ」

「毎晩」

「やりすぎだよ、見つかるぞ」

「大丈夫。院長もやってるさ」

沖田の話では、最初にガスを勧めたのは院長だったという。

「院長は自宅にセット一式もってるんだ。奥さんがよく、吐いてばっかりで気持ち悪いって文句言ってるよ」

貫井は、温厚そうな院長の顔を思い浮かべた。

「でも――もうよすよ」

沖田はぽつりと呟いた。

「よせよせって、あいつが言うんだ」

沖田は空気を沸かす瓶を指差した。

「ノッてくると、ヤメナヤメナ、ヤメナヤメナって。最近うるさくてさ」

沖田は立ち上がると備品庫の奥にある手提げ金庫を持ってきた。

「何度もやりたくなるから、ボンベを再充填する鍵はこの中にしまってあるんだ。そうするとガチャガチャ開けようとしているあいだに我に返るだろ」

沖田は蒼褪めた顔で、貫井さんに微笑みながら云った。

「君もやってみないか」


結局、悪いことに貫井さんもまたハマってしまった。

「それからしばらくは、ふらりで残業というか……ガスパーティー。奴はガスパンって云いましたけど、始まってました」

これは言い訳になっちゃうけど、と断りながら、貫井さんは当時、結婚を考えていた女性にふられたこと、田舎で歯科医院を経営している父親がしきりに戻るように云い出していたことなどを理由にあげた。

「要は僕もくただっだったんです」

ガスパンは仕事が終わった午後十一時から深夜まで続いた。

貫井さんも耐性があったせいか、かなり吸っていても平気だったが、沖田はそれをはるかに超え、驚異的にガスに強かった。

「ガス中でしたね」

二人の幻覚は幻聴と相まって、いつしか幻想になった。

「『未知との遭遇』そっくりの母船が診察室に入ってきたことがありました。本当にキラキラ光って重低音のまま……あれはすごかった」

診察中、「あの音」に似た曲がかかると、ふたりでにやにや笑い合ったりもしていた。「ところが、僕の方は先にだめになってしまったんです」

ある晩、ガスをやっていると、赤や緑のビーズのようなものが膝から胸にかけて散らばっているのに気づいた。ビーズは動いていた。

「笑えると思いますが……小人だったんです。絵本に出てくるような三角帽子の――」

彼らはわらわらと彼の顔まで登ってきた。

『ガスパンやめな』『ガスパン危ない』『ガスパン怖いよ』

口々に告げたのだという。

それで憑き物が落ちたように、貫井さんはガスパンをやめた。

「君は見ているものが甘いんだよ」

静かな口調ながら、沖田の言葉には侮蔑が混じっていた。

「宇宙船だの、小人だの。単に脳味噌の中でしか体験していないじゃないか」

「何を云ってるんだ。当たり前だろう」

「精神変容していないんだ。僕のは違う。そんな安っぽいお仕着せの芝居なんかじゃない、現実を見てるのさ」

沖田の口調からは、何やら不吉なものを感じた。

「それから二週間ほどした夜中、沖田から電話があったんです」

沖田は今から病院に来ないかとしつこく誘った。

「俺が見ているものを教えてやるよ」

その言葉に何かが引っ掛かり、貫井さんは出かけることにした。

深夜の街は妙に静まり返っていた。

病院のそばに来たとき、いきなり暗がりから腕を引かれた。

「なんですか」

見知らぬ背広姿の男が貫井さんの腕を掴んで笑っていた。暴行する気配はない。ただ、にやにやしているのみであった。

「なんですか」もう一度口にすると。

〈……じょん〉

男はそう呟くと去っていった。

「なんなんだ、あいつ」

裏口からそっと入り、診察室のドアを開けると上機嫌な沖田がいた。

「どうした？　何かあったのか。見知らぬ男に腕を掴まれたような顔をしているぞ」

「なんだ見てたのか」

「見られるか、ここから」

貫井さんはハッとした。ここの窓からあの場所を見ることはできない。

「じゃあ、お前がやらせたのか。誰に？　何のために？」

「やらせたわけじゃない、やったのは僕さ」

「何を云っているんだ？」

「僕は、他人に入ったんだ」

「よくわからないな」

「僕にも理屈はわからない。でも、そんなことができるときがあるようなんだ。そしてそれはとても楽しくて、かけがえがない」

沖田の話では、ガスパンに集中していたあるとき、突然、診療室ではなく外を歩いている自分に気づいたという。頬に当たる風も歩いている軀も、十分にリアルなものだった。

「時間は短くて、すぐに切れてしまったんだが」

我に返った沖田は、自分が他人の意識に横すべりして入ったのを感じたという。

「それから何度も体験を重ねるうちに、少しずつコツのようなものも呑み込めてきた。時間は数秒から数十秒だが、そのあいだ、この近くを通った人間の意識の欠落部に潜り込めるようなんだ。すると、その瞬間だけ意のままにできる――」

貫井さんは、遂に沖田は錯乱したのだと理解した。どうであれ、このような状態の男と長くかかわっていることはできない。彼は立ち上がって云った。

「沖田。おまえは技量もあるし治療姿勢も熱心だ。だから忠告するのだが、もうガスはやめろ、取り返しのつかないことになるぞ」

「……じょん」

扉に向かっていた足が止まった。

「あの男はこう云ったのさ。俗にいう噛み合わせ。俺たちの用語でオクルージョン。証拠にしようと思ってさ、云ってみた」

沖田の言葉に答えず、貫井さんは病院を後にした。

「とにかく汗びっしょりでした。気味悪くあり、また沖田が今後、何をやらかすか不安でもありました」

しかし沖田の悪習は、それから長くは続かなかった。

診療椅子に腰かけたまま死んだのである。

「僕は田舎に帰るつもりだったので、その打ち合わせで二週間ほど休みを貰っていたんです。その最中の出来事でした」

死因は心臓麻痺。ガスはタイマーによって切られていたし、混入すべき酸素がなくなれば安全装置が作動し、これもガスの排出は停まる。死因の特定は司法解剖によって明らかにされたものだったという。

「結局、過労死ということになったんですが、院長は沖田が仕事で毎夜毎夜の残業に及んだのではないとして、遺族と争うことになったそうです。病院内が診療どころではなかったし、僕はそのまま退職して、田舎に戻りました」

沖田の死から一年ほどして、貫井さんは地元の歯科医の娘と婚約した。それを機に、ろくに挨拶もできなかった院長の元へと出向いた。指定された夜の時間に自宅の方へと伺うと、玄関先に出た奥さんが暗い顔をして、居間で待っているようにという。

「また吐いているんです。本当に、あの人の中毒にも困ってしまって……」

しばらくすると酔い覚めのような顔をした院長が現れた。簡単な挨拶の後、雑談をしていると、院長が沖田の話を出した。

「君は一緒にやっとったんだろう?」

院長はシンナーを吸うような身振りをした。

「はあ。すみませんでした」

「いや、いいんだそれは。だが死ぬとはなあ。珍しい、本当に珍しい。実に珍しい」

「本当に心臓麻痺だったんですか？」

「外傷はなかった。発見したのがわしだから間違いない。口をぽかんと開けてな、ただ……」

そこで院長は口をつぐんだ。

貫井さんが黙っていると、これは口外しないでもらいたいのだが、と前置きして、

「顔がひどく歪んどった。断末魔の果てのような無残な形相だった。笑気ガスを吸っていてあんな顔になるとは……それだけが謎だ」

翌日、地元に戻る前に貫井さんは病院へ向かった。もう来ることはないだろうと思うと、自然と足が向いた。

そして病院の角に来たとき、ある立て看板を見つけ全身が凍りついた。

事故後に設置されたのであろう「飛び出し事故あり。注意！」と書かれている。もしや沖田が——とピンときたのである。

彼は病院に駆け込むと、ご無沙汰の挨拶もなしに同僚だった受付の事務の女性に切り出した。

「あそこの事故って、一年前の沖田が死んだ夜に起きたんだよね？」

「そうです、学校の先生だったそうだけど、角からいきなり飛び出したとかで。相手がトラックでしたから即死だったんです」

「いきなり、飛び出した……」

「ええ、今まで歩いていたのが急にくるっと向きを変えて、車の前にピョンと。まさかそんな動きをするとは思っていなかった運転手は、ブレーキを踏む間もなかったとか。朝、うちにきた警察の人が云っていて。沖田先生のこともあったし、その日はめちゃくちゃだったんですよ」

貫井さんは簡単な挨拶を済ませ、辞去した。

「僕はね、あいつ、もしかしたら莫迦な実験をしたんじゃないかなって思うんですよ。近くをたまたま通った人の中に入って——その人が死ぬ時の何かを見ようとしたのかなと。そして、見てはいけないものを見たんじゃないかって」

現在、貫井さんの病院には笑気ガスは設置されていない。

残業の夜

戸神重明

八月のこと、看護師の亜都子さんは連日残業をしていた。蒸し暑いその夜も勤務を終えると、午後十一時半近くになっていたという。

ロッカールームへ向かう廊下は既に大半の電灯が消されていて、薄暗かった。一人、急ぎ足で移動する。

この病院の造りは少し変わっていて、増設を繰り返してきたので、A棟からE棟の五つの建物で成り立っていた。最新のA棟は七年前にできたもので、B棟、C棟、D棟、E棟の順番に古くなってゆく。

亜都子さんはA棟からE棟へ向かう廊下を進んでいた。

E棟は旧棟とも呼ばれていて、取り分け古く、既に病棟としては使用されていない。備品庫、透析準備室、物置、ロッカールーム、霊安室がある。後は空き部屋ばかりで、昼間でも就中《なかんずく》、気味が悪い棟であった。

そんな旧棟の三階（旧循環器病棟）にある八人用の病室が、現在はロッカールームになっている。

消灯時間後の廊下は勿論のことだが、ロッカールームも一人でいると恐ろしい。元は病室なので死んだ患者もいるし、三階はこの一室しか使われていないため、静まり返って不気味なこと、この上ない。

おまけに幽霊が出るという噂もあった。

また、霊安室が五階にあるため、エレベーターで遺体と一緒になることも少なくない。

（こんな時間じゃあ、他に着替えている人もいないだろうな）

亜都子さんは気が重かった。

エレベーターに乗って三階で降りると、暗い廊下がまっすぐに伸びている。ぞくりとしたが、気持ちを奮い立たせて進んでいった。

何処からか、水の滴る音が聞こえてくる。よくあることなので気にしないようにして、誰もいない真っ暗な詰め所の前を通り過ぎようとすると、

「すみません」

後ろから声を掛けられた。

心臓が止まるかと思ったほど驚いたが、振り返ると、誰もいない。

（気のせいか……）

それでも、脈拍が速くなったのが分かる。鼓動も高鳴ってきたが、なんとかロッカールームの前までやってきた。入り口の扉を開けようとすると——。

「すみません、看護師さん」

また背後から男の声がした。

亜都子さんが振り返ると、上下グレーのスウェットを着た、中肉中背の男が立っていた。声からして四、五十代の男らしい。眼鏡を掛けていて、非常口の緑色のランプが眼鏡のレンズに反射していたが、それ以外は暗くて顔はよく見えなかった。

「入院している家族が亡くなったという連絡があったんですが、何処へ行けばいいんですか？」

この病院は夜間になると、救急外来受付の入り口からしか入ることができない。患者の家族がそこで病棟から連絡があったことを伝えると、受付の職員が病棟への行き方を教える仕組みになっている。

だが、この男はそこを素通りして、旧棟に迷い込んできたらしい。

「御家族の方が入院されている病棟へ行けば、その病棟の看護師が対応しますよ」

「入院している病棟が分からないので……」

「はぁ？」

男が家族の入院している病棟を知らないことを、亜都子さんは訝しく思った。

「何科に入院されているんですか？」

「分からないんです」

「ん……？　じゃあ、病棟は、新しい所ですか？　古い所ですか？」

「分からないんです」

「お見舞いに来られたことはないんですか？」

「……」

「じゃあ、御家族のお名前は？　救急外来の受付まで戻って、お名前を言っていただければ、病棟が分かりますよ」

男は沈黙している。

（変わった人だな……。何か障がいがあるのかもしれない。こうなったら、受付まで一緒に行くしかなさそうね）

亜都子さんは帰宅が更に遅くなるのを覚悟し始めていた。

ところが、その男は、

「とりあえず、霊安室で待っていることにします」

と、言い置いて廊下を歩き出した。

「えっ？　あの……亡くなった御家族はまだ病棟にいるはずです！　意味がないですよ今、霊安室へ行っても！」

「霊安室で待ってます」

男はそれだけ言うと、エレベーターに乗って上階へ行ってしまった。

（何なのよ？　気味が悪い人だなぁ！）

こんな夜中に病院の旧棟にある霊安室へ行って、一人で待っているとは、尋常なことではない。放ってはおけないので、亜都子さんはA棟まで行き、この出来事を他の看護師に伝えた。すぐに警備員を呼んで、あの男を探してもらうことになった。救急外来受付にも連絡をする。

男性警備員が霊安室のみならず、旧棟の隅々まで探してくれたが、男は見つからなかったという。戻ってきた警備員は、

「その人、こんな暑い日に、スウェットを着てたんですか？」

と、怪訝な顔をした。

（そう言われてみれば！　真夏だっていうのに、あの男性は確かに上下厚手のスウェットを着ていた……）

そこへ救急外来受付の男性事務員もやってきた。彼も例の男の姿は見ていなかった。そして今日の夜勤帯に亡くなった患者はまだいないという。

「ただ、ですね。昼間に亡くなった方が一人、御家族とまだ連絡が取れなくて、霊安室に置かれたままになっています」

「あっ……。それ、中年の男性ですよね？」

あの男性だ！　一人で家族が来るのを待っているんだ、と亜都子さんは思った。

「いいえ。違います」

事務員の男性が、片手を胸の前で小さく左右に振った。

「……えっ？」

「昼間に亡くなったのは、七十代後半の女性なんですよ」

亜都子さんは、驚愕して棒立ちになった。

（じゃ、じゃあ……あたしが見た、あの男性は……？）

グレーのスウェットを着た男の正体が何者なのか、亜都子さんは気になって、一部の看護師仲間にこの出来事を話してみた。

その結果、霊安室に安置されていた老婆には息子がいたが、半年前に交通事故に遭い、この病院の別棟で死亡していたことが分かった。

遺族となかなか連絡が付かなかったのは、そのためだったらしい。
遠方から駆け付けた老婆の娘が、そんなことを話すのを看護師の一人が聞いたという。

業務外

つくね乱蔵

三村さんは十五年の経験があるベテラン警備員だ。

真面目で愛想が良く、身体も丈夫で、風邪一つ引いたことがない。

穏やかな人柄のせいか、常勤の合間の臨時警備も断らない。何処の現場でも評判が良い。会社にとって理想的な人材であった。

その日、三村さんが向かったのは総合病院である。

老朽化が進んだ建物を取り壊し、新しく立て直したばかりだ。

建物を大きくし、診療科目も増やしたお陰で来院者数が大幅に増えた。

三村さんの役割は、急病で欠けた人員の交代要員だ。正面玄関で立哨《りっしょう》し、人や車の誘導を行う。

初めての現場だが、仕事自体はそれほど難しくはない。積んできた経験で十分対処できる。

最低限の注意事項を聞いた上で勤務が始まった。

地域で一番大きい病院のせいか、受付開始前にも拘わらず、続々と人がやってくる。事故のないように車を捌《さば》き、人の流れに気を配り、笑顔を絶やさずに三村さんは業務をこなしていった。

受付時間の終了間際、一台の軽トラが入ってきた。

運転しているのは白髪の老人だ。助手席には、同じく白髪の老婆がいる。

老人は身障者用の駐車スペースに軽トラを停め、ゆっくりと降りてきた。

右足が悪いらしく、引きずっている。杖は使っているが、いかにも歩きづらそうだ。

正面玄関には車椅子が常備してある。手前の一台を用意するため、三村さんはほんの一瞬、持ち場を離れた。

畳んである車椅子を広げ、振り向いたときには間近に老人が近付いていた。

驚いたことに、いつの間にか老婆を背負っている。

杖は突いたままである。左手には手提げ袋。つまり、両手が塞がっている状態だ。

ならば老婆はどうやって背負われているのか。持ち場に戻りながら、横眼で確認する。

老婆は老人の肩に両腕を回している。足はだらりと下げたままだ。

腕力だけでおぶさっているとしか思えない。

受付時間を過ぎたせいか、来院者は減っている。幸い、病院の正面は全面ガラス張りで、中の様子が窺える。

三村さんは腰を据えて老人の観察を始めた。

老人は慣れた手つきで受付の再来受付機に診察券を入れている。

その間も、老婆は背中に貼り付いたままだ。

受付を終えた老人は老婆を背負ったまま、待合の長椅子に座った。

背もたれから、老婆の肩から上だけがはみ出している。

暫くして、老人は椅子から立ち上がり、二階へのエスカレーターに向かった。

老婆は長椅子に残っている。

そこへ、支払い待ちらしき若い女性が座った。座った瞬間、女性は寒気にでも襲われたように身震いした。

会計から呼ばれた女性は、立ち上がろうとして前のめりに倒れた。

うつ伏せの背中に、老婆が正座している。表情までは分からない。駆け付けた職員が女性をストレッチャーに乗せ、救急センターに向かおうとしている。

今度は仰向けになった女性の胸部に老婆が座っていた。

このとき、漸く老婆の顔を確認できた。白粉《おしろい》を隈なく塗りたくったような顔で、老婆は笑っていた。

その若い女性がどうなったかは分からない。

とりあえず、その後も老婆は来院している。老人の軽トラに乗り、背中に貼り付いて院内に入り、長椅子で誰かが座るのを待つ。

老若男女問わず、その上に座った者は必ず倒れて搬送されていく。

そこまで分かっているのだが、三村さんにはどうすることもできない。

ああ、今度はあの人か。子供連れなのに可哀想だなという程度の思いはあるが、そこから先は業務外である。

内緒の話

つくね乱蔵

岩本さんが看護師を辞めて四年になる。

大きな総合病院の内科病棟が最後の勤務先だ。奇妙な出来事が辞めた理由だという。

知人を介して取材を申し込んだところ、一旦は丁重に断られた。訳が分からない話だから聴いても仕方ないとの事だったが、そこを無理にと再度お願いした。

待ち合わせの場所に現れた岩本さんは、テーブルに一通の封筒を置いてから話し始めた。

「辞める半月ほど前のことです。その日の当務を終えて着替えていると、同僚の飯塚さんが怪訝な顔つきで更衣室に入ってきて」

何があったか訊ねる岩本さんに曖昧な微笑みを返し、飯塚さんは着替え始めた。普段の陽気な態度は何処へやらだ。

なおも問いかけると、ようやく飯塚さんは口を開いた。

「五号室の中村さんがね、独り言を言ってるのよ」

なんだそれは。

拍子抜けしてしまった岩本さんは、苦笑を浮かべて言った。

「独り言なんて誰でも言うでしょ」

「それが普通の独り言じゃないのよ」

中村さんが初めてではない。同じ内容の独り言を他の入院患者も話していたのだという。

その患者も、亡くなる数日前から独り言が多くなっていたそうだ。

元々、そんな癖などない人だから、余計に印象に残っている。

その独り言は、日記を読み上げているようだったという。


今年の春が初めてだ。

翡翠《ひすい》色の海に白い鳥が浮かんでいる。

砂浜に座っている。ずっと座っている。


そのような内容であった。

誰かに出会って、何かが起きて、という起承転結のある話ではない。もしかしたら、自分自身の思い出かもしれない。

いずれにせよ、取り立てて家族に連絡するようなことでもない。確か、亡くなる前日まで話し続けていた。

それと一言一句違わぬことを中村さんが話し出したというのだ。

「その人が話してたのを中村さんが聞いて覚えてたとか」

「入院していた時期が違うから、二人は出会ってないのよ」

結局、その時は謎のままで話は終わった。


それから四日後、五号室の中村さんは急死した。

すっかり回復し、来週早々に退院が決定した直後であった。

空になった病室を片付け、詰め所に戻る途中、岩本さんの耳に聞き覚えのある言葉が入ってきた。

「今年の春が初めてだ。翡翠色の海に白い鳥が浮かんでいる。砂浜に座っている。ずっと座っている」

声は多目的室から聞こえてくる。

窓際のソファーに腰かけている老婆が喋っていた。二日前に入院した吉川という患者だ。

曇った空を見上げ、独り言を続けている。
「何もない。砂浜と海だけだ」
岩本さんは、咄嗟に耳を塞いでその場から立ち去った。
自分でも理由は分からない。何となく聞いてはならない気になったのだという。
夜勤の飯塚さんを待ち、自分も聞いてしまったことを伝えた。
黙り込んだままの飯塚さんに、岩本さんは矢継ぎ早に疑問をぶつけた。
あれは一体、何の話なのか。もしかしたら、吉川さんも危ないのか。
答えられるわけがないのだが、岩本さんは苛立ち紛れに飯塚さんを責めてしまった。
「飯塚さん、言い出しっぺでしょ。責任取って、あの話を最後まで聞いてみてよ」
翌日。出勤した岩本さんは、自分のロッカーに貼り付けられた封筒を見つけた。
中身は畳まれた便箋が一枚と、糊付けされた封筒が一通。
便箋には『こちらから読むこと』と付箋が貼ってある。
広げてみた。急いで書いたのが丸わかりの崩れた字だ。

あの独り言、最後まで聞いた
その時から、背後に誰か立ってる気がしてならない

全文を書き起こしたものを封筒に入れてある
読むか読まないかは自分で決めて

封筒をポケットに突っ込み、岩本さんは詰め所に向かった。

途中、吉川さんの病室を覗こうと足を向けたが、それは徒労に終わった。

病室が空だったのだ。

吉川さんは唐突に激しく震え、胸を押さえて苦しみ出したそうだ。

集中治療室に運ばれたのだが、程なくして息を引き取ったのだという。

ポケットの中の封筒を意識しながら、岩本さんはその日の勤務を終えた。

着替えを終え、改めて封筒を手に取る。薄い。中身は恐らくレポート用紙一枚ぐらいのものだ。

読むか。読まないか。

決められないまま、時間が過ぎていく。ただ、何となくだが読まない方が良い気はする。

とりあえず、大体の内容を飯塚さんに訊いてみよう。そうしよう、それが良い。

だが、その計画は失敗に終わった。

その日を境に飯塚さんは病院に来なくなり、連絡すら取れなくなったのである。

岩本さんは、封筒を開封せずに自宅の引き出しへ片付けた。その後、独り言を言う患者は現れていない。

飯塚さんの抜けた穴は、暫くして埋められた。


一連の流れを忘れ始めた朝、携帯が鳴った。飯塚さんからである。

耳に当てた瞬間、飯塚さんは掠れた声で話し出した。

「読んだでしょ、どう思う」

どう答えようか迷う岩本さんに苛ついたのか、飯塚さんは声を荒らげた。

「ねえ、どうすんのよ。何処まで逃げても追いかけてくるじゃないのよ」

何が追いかけてくるのか問い返すと、飯塚さんは更に激高した。

「何がってあんた読んでないのか。今すぐ読めよ。読めってば」

岩本さんは携帯を切り、その場で着信拒否を設定した。

その後、飯塚さんには出会えていない。


「これがその封筒です」

そう言って、岩本さんはテーブルに置かれた封筒を見つめた。

開封した痕跡がある。

以前、話に興味を覚えた男性が止める間もなく読んでしまったそうだ。

その男性は二日後、亡くなったそうだ。何かに追いかけられてはいるが、飯塚さんだけが生き残っている。

何が違うか、岩本さんは必死で考えたそうだ。

「多分だけど、黙読するだけなら死なないと思います。声に出して読んだらアウト」

これ以上、持っているのが怖いからと言い、岩本さんは封筒を私に預けて帰っていった。

その封筒は、今も保管してある。どうしようか迷っている。

ルーレット

黒木あるじ

利用した入院患者が、かならず死ぬベッド——病院怪談の定番である。
だが、そんな呪いのベッドなど本当に存在するのだろうか。医療従事者の知人複数名に訊ねたところ、およそ三分の二から「偶然でしょ」との回答を得た。
「そりゃ、亡くなる人も少なくない場所だからね。そのベッドをあてがわれた患者さんがたまたま連続で死んじゃった、それだけじゃないの」（脳外科医・三十八歳）
「入院するってことはそれなりに病状が重い。つまり、もとから亡くなられる確率も高いわけで……まあ、そういうことなんだと思います」（看護師・四十一歳）
いっぽう、残る三分の一は「あるかもしれない」「経験済み」などと答えている。

「以前勤務していた総合病院に、そういう噂のベッドがありました。亡くなる方は病歴も年齢もバラバラだったので、ちょっと不気味でしたね」（看護師・五十二歳）
「どんな元気な人でも、そのベッドに寝ると二、三日で体調が急変するんだって。それで暗黙のうちに〈使用禁止〉になったって聞いたよ」（作業療法士・三十三歳）

と──さまざまな意見が集まるなか、とりわけ目を惹く体験談があった。

ベテラン看護師、Sさんの話である。


彼女はもともと〈呪いのベッド懐疑派〉であったのだという。

「いや、別に〝絶対にない〟と頑《かたく》なに否定していたわけじゃないですよ。わたしの勤めていた総合病院は高齢の入院患者さんが多く、亡くなる方も一定数いらっしゃったんですね。つまり、均等に人が死ぬので〝ベッドが原因だ〟なんて想像する暇もなかったんです」

そんな考えに変化が生じたのは数年前、ある七十代の入院患者がきっかけだった。

「ヨシゾウさんという、すこし頑固だけど朗《ほが》らかな元左官屋のおじいちゃんでね」

過去に患った大病が再発しての、開腹手術に伴う長期入院。とはいえ術後の経過は悪くなかったのだ──とSさんは言う。

「年齢のわりに体力もある方だったし、先生も〝上手くいけば退院できるかもね〟なんて言っていたもので、わたしも楽観視していたんです……あの夜勤の日までは」

深夜二時、Sさんはいつもどおり病棟の巡回に赴いていた。

ひっそりと静まった廊下を進み、各病室のドアを開けて異常がないかチェックしていく。

今夜の〈重要任務〉は、ヨシゾウさんのベッド確認だった。

盗難などのトラブルを避けるため、原則的に消灯時はベッドを取りかこむコントラクトカーテンを閉める決まりになっていた。ところがヨシゾウさんは「寝苦しいんだよ」と、いつもカーテンを開けっぱなしで就寝していたのだという。

本人はそれで構わないかもしれないが、なにか問題が起こってからでは手遅れである。そこでSさんは巡回のたび、ヨシゾウさんを起こさないように注意しながら、カーテンをそっと閉めていたのであった。

いちばん奥にある病室へ辿りつくと、音を立てぬようにレバーノブをゆっくり下げて、おそるおそる扉を開ける。室内のいちばん手前に位置するヨシゾウさんのベッドを覗くと、あんのじょうコントラクトカーテンがめいっぱい開放されていた。

「で、苦笑しながらベッドに歩みよったんですが……なんだか様子がおかしくて」

はじめ、彼女は「あ、タバコだな」と思ったらしい。

ヨシゾウさんの顔の周囲が、白く翳《かげ》っているように見えたからだ。

「こっそり喫煙していたところにわたしが来て、とっさに火を消した。けれども副流煙が消えずに漂っている……そう判断したんですね」

まったく——トイレや屋上で吸うならまだしも、病室で喫煙なんてあまりに非常識だ。きちんと注意しなくては、ほかの患者にも示しがつかないではないか。

憤《いきどお》りながらベッドに近づいていた足が、ぴたりと止まる。

煙ではなかった。

「顔でした」

ヨシゾウさんが暗闇のなかで、びゅんびゅんと目まぐるしく形相を変えていた。

絶叫、号泣、憤怒、困惑、苦悶——さまざまな顔が、まるで映像を早送りしているかのごとく、どんどん入れ替わっていく。ひとつの表情は一秒にも満たない。

さながら、百面相のルーレットのようだった。

「……いや、なんなのこれ」

思わず呟く。直後、顔がぴたりと停まった。

歯をぎりぎりと食いしばった——どう見ても、穏やかとは呼べない面差しだった。

絶句する彼女を前にヨシゾウさんはしばらく唸っていたが、まもなく表情を緩めると、ちいさな鼾《いびき》をかきはじめた。

「もう驚いてしまって、逃げるように病室を出たんです。ヨシゾウさんは結局、次の日の昼に体調が急変し、苦しんだすえ……前の晩に見た顔そっくりな表情で……」

それが、最初でした。


Sさんは、その後も三度ばかり〈ルーレット〉を目撃している。

脳梗塞で運ばれてきた老女は、口をぽかんと開けて弛緩の表情を浮かべた。

内臓疾患で担ぎこまれた男性は、天井を凝視したまま顔を強張《こわば》らせていた。

検査のため入院した中年女性は、窒息しているような相貌で硬直していた。

いずれの患者も、Sさんが異様な面相を目にした翌日あるいは翌々日に急逝している。

むろん、全員が〈あのベッド〉の利用者だった。

「三人目の女性で気づいたんです。〝あっ、これは死に顔なんだ。どの表情で絶命するか、最期の顔を見せているんだ〟って。それから、あのベッドを見るのがもう怖くて」

そんなおり、偶然にも妊娠が発覚。これ幸いとばかりに彼女は産休を取得する。

「出産と育児に追われる日々のなかで、恐怖もだんだん薄らいでいって。復帰直前には、ほとんど忘れかけていたんですが……ですが」

翌年、現場に戻ると――ベッドがなくなっていた。

通常は四床置かれているはずのベッドが、くだんの病室だけ三つしか設置されていない。例のベッドがあった場所だけ、不自然に空間が空いている。

どうにも気になって堪らず、彼女はこっそり師長へ訊ねたのだという。

「すいません、奥の部屋のベッドって……」

最後まで言うより早く、師長が「天井が雨漏りしたから撤去したの」と早口で答えた。事前に練習していたかのような、澱みのない口ぶりだった。

「でも、その病室は七階建て病棟の三階にあるんですよ。雨漏りなんてしますかね」

その一件ですっかり夜勤が厭になったSさんは、復帰から半年ほどで総合病院を退職。現在は個人クリニックの耳鼻科に勤めている。

「お給料はすこし下がりましたけど、あのルーレットを見なくて済むだけ全然マシです。だからわたし、いまは〈呪いのベッド肯定派〉なんですよ」

総合病院は現在もある。

あの部屋がどうなっているかは、努めて考えないようにしているそうだ。

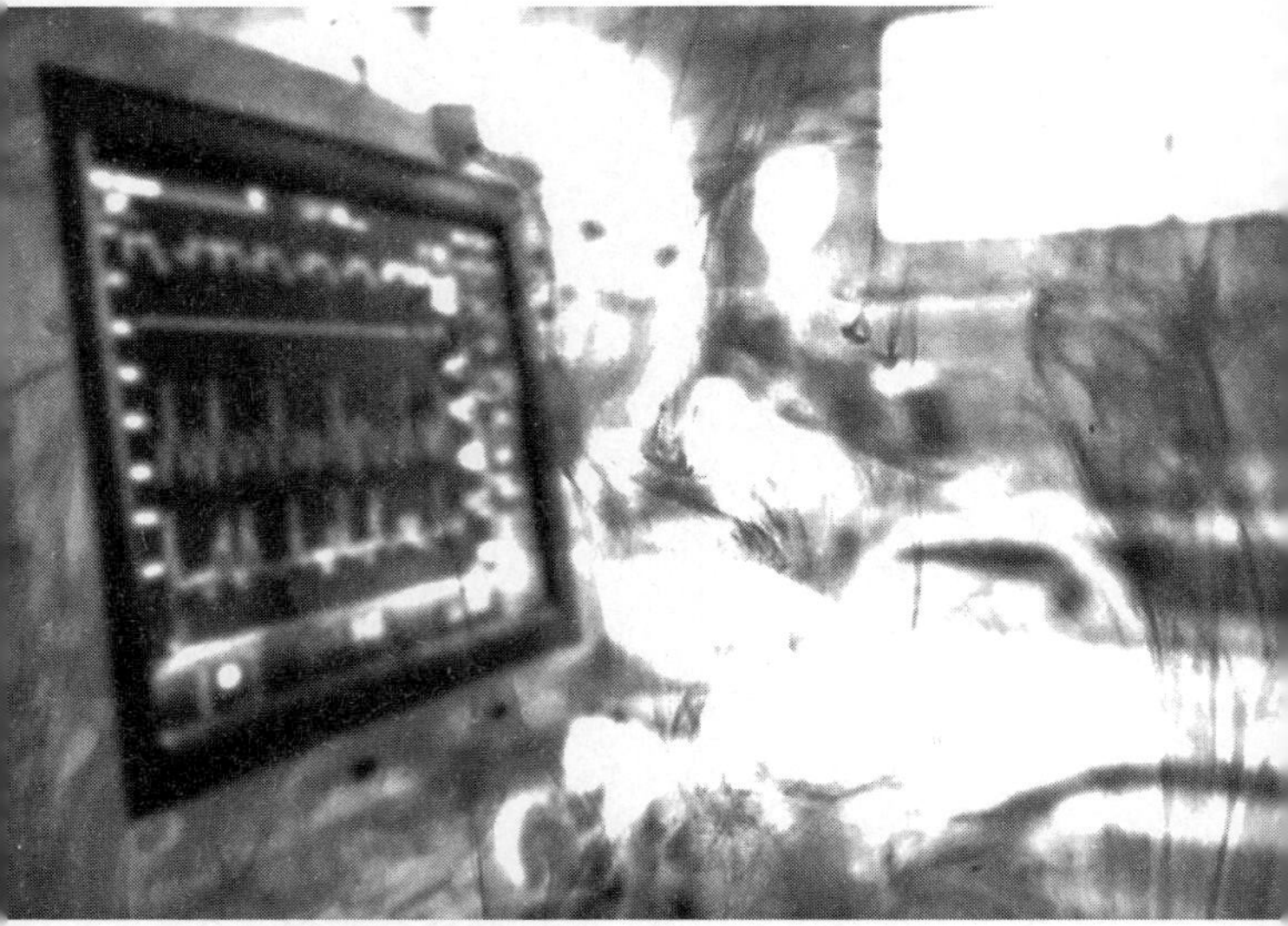

ベッタベタ

Dr.マキダシ

とある女性の病棟看護師さんから聞いた話。

入院していた患者さんのWさんは超がつくほどの潔癖症のおじいさんだった。

「ここ、ベタベタしている!」

無愛想に看護師や看護助手にそう指摘をしては、掃除をさせ直すのが彼の日課であった。

実際に看護師が指摘された箇所を触ってみるが、ベタつきを感じることはほとんどなかったという。

病棟では強迫性障害の疑いで精神科に紹介してはどうか、という意見も出たほどであったが、その病院には精神科が無かったこともあり結局、診断はつかずじまいになっていた。

「ベタベタする!　どうなってるんだ!　ベッタベタだよ」

連日ヒートアップするWさんの訴えに、看護や清掃担当は辟易していた。

「どこがなんです？　全く分かりませんけど」

「何言ってるんだ、お前、ベタベタじゃないか！」

こんなやりとりがしばらく続いたのち、Wさんは持病による急変で亡くなった。亡くなる直前まで、取り憑かれていたかの如く自身の周りを過剰なほどにピカピカに掃除していたため、Wさんは塵ひとつないベッドの中で息を引き取った。

死亡した患者には、看護師がエンゼルケアと呼ばれる死後の保清を行う。体を清拭し、鼻や口から体液が漏れ出ないように綿を詰める作業なのだが、この看護師がケアの担当になった。

手のかかった患者さんだったが、最後くらいは気持ちよく送ってあげよう、と身体を湯煎したガーゼで拭いたそのときだった。

体じゅうが、ベッタベタだった。

例えるなら、身体中に薄くはちみつでも塗ったようなベタつきで、毎日風呂にも入っていたWさんがここまでベタつく理由は到底見当もつかなかった。おおよそ通常の人体としてはあり得ないくらいのベタつき具合に、看護師は戸惑いながらも、ガーゼで何度も何度も体を拭き取り、どうにか故人用の浴衣を羽織らせた。

無事ケアを終えると、Wさんは葬儀屋に引き渡され、出棺となった。

ベッドには改めて清掃が入り、また翌日には新たな患者が病床に入ってくる。

今度は優しそうなお婆さんが同じベッドを使うことになった。

優しそうな新患の様子に、看護師はホッと胸を撫で下ろしたのも束の間、お婆さんが大声で叫んだ。

「なんなのよ、このベッド、ベッタベタじゃないの!!」

左側のミチル

雨宮淳司

新宮さんが今回配属された病棟に、井出真起子という高齢の患者がいた。地域では有名な偏屈《へんくつ》婆さんとして、新宮さんも聞き及んでいたので、相対するのがいささか気が重い。

井出さんの隣家に住んでいるのが新宮さんの、所謂《いわゆる》ママ友の一人で結構昔からその迷惑行為の愚痴《ぐち》を聞かされていたのだった。

井出さんは一人暮らしで、庭木の鬱蒼《うっそう》とした古い家に住んでいるのだが、周囲が宅地開発され、そこへ新しく越してきた住人との折り合いが怖ろしく悪かった。

ママ友の人は趣味で家庭菜園をやっているのだが、低い垣根越しに井出さんの畑と隣り合っている。

ある時、散水ホースで水をやっていると、ほんの少しが飛びすぎて井出さんの畑の野菜の葉に掛かった。すると、「うちの野菜に水を掛けやがった!」と、激高して怒鳴り込んできたのだという。

どうせ野菜には水をやるんだから、という理屈は通じないらしい。

しかも、途轍もない子供嫌いで、周辺で子供のはしゃぐ声がすると、家を飛び出て探し回り、「やかましい！」とキンキン声で怒鳴り散らす。

捕まると親の所まで引っ立てられて、親にも躾《しつけ》がなっていないと延々と説教を垂れる。

おかげで、地域住人は気が休まらなかった。

が、その井出さんは買い物に出た際に、店先で倒れ救急車で搬送、脳梗塞を発症しておりそのまま入院となった。

その後、リハビリ病院を経由して、新宮さんの配属前に療養型病棟へと転院となっていた。

意地っ張りなところが幸いしたのか、後遺障害が結構重度の左半身麻痺なのだが、車椅子上での生活が可能なまでに転院時には回復していた。

立ち上がりからベッドや車椅子までの移乗は自力で可能と、前の病院の情報シートにはある。今、目の前でそれをやっているのだが、短気さもあって少々荒っぽい。

（時々不安定、見守り必要）と、メモをする。

麻痺側上下肢、つまり左手と左足に浮腫も見られた。

（水分の摂取状況は？）

今までの経過をスタッフに聞くと、甘い缶飲料やお茶を飲む頻度が多いらしい。糖尿病ではないが、所謂予備軍ではあるとのこと。

ふっくらとした体型だが、肥満と言えば肥満であろう。

体温表の今月の体重の欄を見ると……何も記載がなかった。

「ああ、体重測定は頑として拒否なんですよ」

病棟のナースの一人が、苦笑いをして言った。

「親にも教えたことのないものを、何であんたらに教えないといけないいんだって、もう全然ダメでした」

（体重測定は拒否）と、メモ。

「そんなじゃあ、採血とかもさせてくれないんじゃないの？」

「それがですね……」別のナースが、

「採らしてはくれるんだけど、採血をミスるとノートに記録していて、診察の際に『あの看護師は三回も針を刺した』って、ドクターに報告するんですよ」

「そこまでやる……」

「血管まで意地が悪く出来ているみたいで、全然見えないんですよ」

ベテランのナースまでそう言う。

「なかなかな人ですね」

新宮さんはは溜め息をついた。

受け持ちの前任者が新宮さんと入れ替わりに移動になったので、井出さんの担当のお鉢が新宮さんに回ってきていたのだった。


井出さんの採血に一回失敗して早速ノートに記録され、「下手くそねえ。前の担当の方が良かったわ」と軽くジャブを食らった日の昼食時。

誤嚥《ごえん》事故防止のため中央ホールで、纏まって見守りで食べてもらう。

井出さんは食欲は旺盛で、右手でスプーンを使って上手に食べている。麻痺側の左手もお椀に添えることは可能で、汁物も大丈夫なようだった。

が、甘いものが好きなはずなのに、デザートの杏仁豆腐に手を付けずに「もう結構」と、お膳を下げるように言う。

杏仁豆腐《あんにんどうふ》はお膳の左端にあった。

（……？　もしかして？）

自分の左側が知覚できていない？

脳梗塞の後遺症に、そういう症状があるのだ。

半側空間無視という。

井出さんの場合は脳の右半球の梗塞だから、左側の空間の認知に障害が出ていることは大いに有り得る。

しかし、前の病院のサマリーでは読んだ記憶がなかった。

井出さんにデザートが残っていますよ、と声を掛けると、

「あら、うっかりしていたわ」

と、左側に首を巡らしてそう言った。

改めてカルテに綴じてある他の書類を確かめると、リハビリ記録の最初の方に記載があった。

「左半側空間無視が見られるが、本人に既にその認識はあり病態の理解力は良好である。元々注意深い性格で周囲に対して常に視野に入れている様子で、特化したリハビリは必要ないだろう。ＡＤＬ（日常生活動作）確保を中心にしていく」とのコメント。

……なるほど。本当に先程のあれはうっかりミスだったらしい。右側にしか注意を払わないと、よく車椅子の左側を何かにぶつけたりするのだが、今までその素振りはなかった。

左半側空間無視は、視力とか視野の問題ではない。右の大脳半球は通常視界左右の空間認識を行っている。正確には「空間性注意」と言い、その空間での注意を惹《ひ》く事象を探し出す機能を担っている。

何かを発見したり、何があるのかを知覚して注意を向ける作業ということである。左の脳も同様のことを行えるが、こちらは言語野が発達しており、その分割り引かれて右側での事象しか知覚処理できない。従って、右の脳のその機能が不全になると右側しか空間性注意ができなくなるのだ。

その後、井出さんの様子を見ていると、結構速いペースで自分の部屋に帰っていくのだが、左側にある自分の病室を見落とすこともなくスムーズに車椅子を入り口の方へ向けていた。

なかなか自走が上手で、確かにさほど心配するような状態ではなさそうだな、と思った。右回りで帰れる部屋に代わってもらおうかと思ったのだが、その必要も無さそうだった。

井出さんは八十才になるが、所謂「おひとりさま」だった。家族は元より連絡を取れる親類も全くいなかったが、本当に用心深いことに、倒れる前に成人後見人制度を利用して任意後見人と契約していた。

発症後すぐの急性期の時に、やや判断能力の低下が見られ、それを確認した任意後見受任者が手続きをして、任意後見監督人となり井出さんの財産を管理している。

その人が今日面会に来ていた。

二人の関係性はよく分からなかったが、六十才くらいの温厚な男性である。

――播磨安一

名刺を貰ったので、カルテの裏表紙にあるポケットに取り敢えず入れておいた。

司法書士とあるので、元々の法律関係の相談先だったのかもしれない。

長々と二人で面会室で何か話していたが、帰り際の挨拶時に、立ち話で井出さんの住んでいた古屋をどうするのかという話し合いだったことは分かった。

井出さんは四人部屋にいたが、困ったことに同室患者との折り合いが悪く、すぐに口喧嘩になってしまいトラブルも多かった。

まあ、同様の患者さんはそれまでにも結構いたため、ナースはそれくらいでは驚かない。

しかし、頻度が多すぎて結局個室に移動し、そのまま居座る感じになってしまった。

ある日、朝の申し送りで井出さんが夜半過ぎから不眠で、ベッドの上で起座し、しきりに左側を振り向いて、小声で独語（独り言）していたと報告があった。

「左側？」

そちらは注意が向かない方向だが？　……しかし物音がするとか、そういうことがあれば振り向くかもしれない。

それよりも、独語というのが心配だ。

脳梗塞の急性期には、せん妄という精神混乱がよく見られる。その際には幻覚や錯覚、見当識（現在の年月や時刻、自分がどこにいるか等基本的な状況を把握すること）の障害が起きるが、大抵は徐々に改善していく。

現状でそういうことがあるとしたら、意識レベルの低下なり、認知症の発症も考えられる。その日は声を掛けて話してみたり、一日観察を続けてみたが普段と変わった様子は特になかった。

が、一日おいてやはり夜勤ナースが同じ報告をした。

「夜間せん妄かしら？」

「まあ、起きてても不思議ではないけどね。年齢が年齢だし」

夜になったりして周囲が暗くなると老人は不安を覚えやすく、それがせん妄の引き金になることがある。対症療法としては、抗不安薬や睡眠導入剤等で睡眠状況を改善することがある。

今度は、

「近頃、夜眠れていないのでは?」と、井出さんに話しかけてみたが、

「いや、そんなことはない」とのこと。

「そんなこと言って、変な睡眠薬とか出すんじゃないよ。あんな体に悪いもの絶対飲まないからね! 人間、眠らないからって死にゃあしないよ!」と、いらぬスイッチを入れてしまった。

何だか、概ねこちらの考えを読まれている感じだった。新宮さんは、

「少なくとも、明らかな認知症ではないわねえ」と、思った。

新宮さんは、お子さんがまだ手が掛かるため、夜勤は月二回くらいしかできない。

梅雨に入った時季の、その夜勤の時の事。

午前二時過ぎに寝静まった病棟を巡視していると、井出さんの病室の方から微かに話し声が聞こえた気がした。

やはり独り言を言っているのか……、あるいは寝言なのか?

そうっと近寄って覗き込むと、寝具を胸まで掛けた井出さんが常夜灯の微かな光の中で、ちゃんと横になっていた。

眠っているように見えたのだが、天井の方に向いていた顔が、ふいに左側を向く。

顔の右側が部屋の入り口に向くように配慮してベッドの配置をしているのだが、左側はベッドからの転落予防のために壁に寄せてあった。

つまり左側は隙間もなく、すぐに病室の壁である。腰の辺りから足元にかけて、カーテンの引かれた窓があった。

「おまえは……●●●●子だ」

ボソボソ声で、よく聞こえない。

「私を●●●すんじゃないよ……ミチル」

ミチル？

（誰？）と、思ったとき、一瞬井出さんの横顔越しに、小さなおかっぱ頭の女の子の顔が、ベッドの向こう側に覗いた気がした。

「えっ？」と、つい声が漏れる。

しかし目を凝らしたときには、もう何も無い。

だが、当たり前だった。そこは隙間のない、すぐに壁の場所だ。絶対に誰もいるわけが

なかった。そして、

「誰だい？　そこにいるのは？　コソコソ覗いているんじゃないよ！」

と、病棟中に井出さんの爆発的な怒鳴り声が響き渡った。


見間違いだと思うことにしたが、こちらに気づいて驚いたような、怯えたようにも見える小さな女の子の表情が目に焼き付いていた。

しかも、暗がりの中でその顔だけがはっきりと認識できたのだ。

……井出さんの幻覚を心配するどころではないな。……私は疲れているのだろうか、と思った。


夜勤から一週間ほどして、後見監督人の播磨氏が面会に来た。

また、かなりの長時間面会室に二人で籠もっていたが、家などの財産処分のそれでは諸なるかなである。

また、播磨氏の帰り際に声を掛けた。

「家の処分って大変なのでしょうね」

「いえいえ……って、洒落になっちゃったけど、土地も買い手が付いてあとは更地にするだけなんでそうでもないですよ。家財も全部処分してくれということで。……今日は、仏壇……というか、位牌の類をどうするのかとか、そういう話し合いですね」

「位牌……」

「と、言っても彼女の両親とその前の代くらいかな。旦那さんは行方知れずなので位牌は無い……」

「……え？　結婚歴があるんですか？」

それは知らなかった。

ひょっとしたらケース記録等には簡単に記載してあるのかもしれないが、カルテの家族歴などは、身寄りが無いということで端折られてしまっているのだろう。

「正式に結婚していたわけではないのだと思いますねえ。それに六十年も前のことで……。あと、娘さんの位牌があるんですよ」

「娘さん？」

それも初耳だった。

「ふらりと旦那さんが家を出て行った後、女手一つで育てていたんですが、七歳の時に事故死して」

「……」

「実は私、その子と一緒に小学校に通っていたんですよ。入学式の時の写真が今でもあるんだけど、とても可愛い子でね」

「も、もう少し詳しく伺っても？」

「いいですよ？」

井出さんに見つかって、変な勘ぐりを入れられても困るので、空いていた診察室の方へと誘った。椅子を勧めて、

「……事故死と仰いましたが？」

「……私も幼かったので詳しくは分からないんですが」

次の言葉まで少し間があった。

「……昔はあの井出さんの家の横手に大きめの側溝が流れていて、その中に落ちたみたいです。頭を強く打ったみたいで……。結局小学校に一学期も通っていないんですよね」

「それは不憫な……」

「……それがですね」播磨氏は急に居住まいを正して、

「私もさすがにそのことはすっかり忘れていたんですが、ある時……夢枕にその子が立って、『お母さんのことをお願いします』って言うんですよ」

「……え？」

「あんまり鮮明だったので気になって訪問したんですが……。昔はよく家に上げてもらっ

て何かオヤツを貰ったりしていたのを思い出しました。何にも変わっていなくて驚いてですねえ。その時に、成人後見人制度のことをお話ししたんですよ」

その頃は……子供好きだったんだな、とふと思った。

「遺影に手を合わせて、夢に出てきた顔と全く同じなのにも驚きました。……いや、親子の結び付きというのはねえ……。何だか泣けてですねえ」

「……そうですか」

「ミチルちゃんに、安心してくれるようお願いしましたよ」

「……え？　その名前？」

「娘さんのお名前です。正式には難しい字で……『井出深智瑠』だったかな」


休みを挟んで新宮さんが出勤すると、夜勤ナースが、

「やっぱり、井出さんは夜間せん妄じゃないですかねえ」と、言う。

「二時半くらいから、しきりと口喧嘩をするような声を上げてですね。独語が会話調なんですよ。それも結構な大声で」

「そう……」

あの夜勤の時に見た女の子の顔や、井出さんの娘さんの情報が、どうしても考えに絡み

合ってしまう。

医療的にはドクターへの報告案件であるし……気味の悪い考えの方だと、ミチルちゃんと喧嘩でもしたのかと思ってしまう。

検温時に、夜中に大声を上げていたそうだが、悪い夢でも見たのかと訊くと、

「そうかもしれないねえ。……寝付きが悪いみたいだから、何か睡眠薬を出して欲しいと先生に言っておいて」

と、あれほど嫌がっていたくせに意外にも自分からそう言い出した。

負担……あるいは苦痛を感じるような何かがあるのかもしれない、と思った。


睡眠導入剤が処方されたので、ふらつきが出るかもしれない。転倒に要注意と申し送って、休みを挟んで出勤すると、井出さんは左半面に大きな痣を作って憮然《ぶぜん》としてホールで車椅子に座っていた。

「転倒したの?」

ナースステーションに入ってそう訊くと、

「いつものようにトイレに行って、見守りもやっていたんだけど、突然左側に凄い勢いで倒れてですね」

「それが、何だか変なんですよ。……まるで、引っ張られたみたいな感じで」

頭部ＣＴの指示が出ていたので、そのまま放射線科に連れて行き撮像したが、幸い何も異常はなかった。

一応、打撲と内出血程度で治まったわけだが、こうなるとしばらくは要注意である。

車椅子を押してエレベーターに乗り、二人っきりになった際、

「ねえ」と、井出さんが話しかけてきた。

「何ですか？」

「あんた……気が付いているんだろう？　ミチルのこと」

「え？」

「これはミチルにやられたんだよ」

「……いや、そんな」

「あいつは私が左側が分からないと知っているから、ずっと左側の傍にいたんだよ。そして、じっと狙っていたんだ」

え？　仲のいい親子じゃなかったのか？

「随分あたしも意地悪をしたから、仕返しをされるのも仕方ないとは思うけれども……。これはもう終わりにしたいねえ」

それから二日と経たずに、井出さんは何故か夜中に一人でベッドから降り、ナースがセンサーマットの警報で駆けつけた時には既に床へ転倒していた。

左大腿骨の頚部《けいぶ》を骨折しており、翌日手術のために転院となったが、術後に肺炎を併発し、集中治療室での管理になった。

さらに、全く動けない状態のはずだったが、突然ベッドから柵を越えて左側に転落し、大腿骨頚部の再骨折と頭部打撲で最重症化した。

そして、しばらくして、亡くなったそうである。


井出さんが転院した際に、支払いと荷物の引き取りに播磨氏が訪れていた。

新宮さんは、どうしても衝動が抑えきれずに、

「井出さんとミチル……ちゃんの、親子仲というのは、実際のところどうだったのでしょうか？」

と、つい訊いてしまった。

「……え？」と、ギクリとした感じで播磨氏の動きが止まる。

「……本人が何か言っていましたか？」

「……仕返しをされるとか」

「……」

「ああ、すみません。いらぬ詮索で」

「ああ、いや……しかし、これはもう真偽不明なんですよ。……確かにミチルちゃんは、生傷が絶えない子で、いつも絆創膏を持ち歩いていたのは憶えているんですよ。担任の先生も、どうもミチルちゃんの体に幾つも痣のあるのは気づいていたみたいで、井出さんに不信感を抱いていたみたいです。で、事故の際にはそういう情報があるということで警察も事情は聞いたそうなんですが……。結局……事故だということになっていますね。……念のため言いますが、これらは、みんな又聞きですからね」

「でも、詰まるところ……虐待はあったのではないですか？」

「あったのかもしれない。……しかし、この問題は二人とも親子間だけで収めてしまいたいのではないでしょうか。親子の愛憎というのは、他人には計り知れないところがありますからね」

「……そうですね。ありがとうございました」

一月ほどして、病棟に新規の入院患者があった。七十代後半の脳梗塞後の男性で、この人には明らかな左半側空間無視が見られた。

左側に関して、全く存在していないような反応を示し、自分の状態への理解力にも問題があった。

井出さんのケースに比して、かなりその病態に関して注意が必要だった。

身の周りのものは、皆右側の場所に置くようにし、この人も車椅子を使用していたので、自分の部屋を見逃さないように、右回りに帰れるような病室を用意した。

ある時、食事の様子を観察していると、ふと左側を見遣った。

そして、にっこりと微笑む。

あまりに奇妙に感じたので、病室に付き添う際にその事を訊いてみた。

「ああ、あれ？　いや、左手に可愛い女の子がいたんだよ。孫に似ていたものでねえ」

そんな子はいないし……あなたは左側が分からないでしょうに。

まだ、この場所に井出さんの娘が留まっているのかと思って、ぞっとなった。

同じ日、記録を書いているとケースワーカーが話しかけてきた。

「あのう、新宮さん」

「はい」

「よく、司法書士の播磨さんとお話をされていましたよね？」

「ええ、けれど数度だけですよ」

「……実は播磨さんは急にお亡くなりになられて」

「ええっ？」

「地域の方なので、別の病棟にも後見人になられている患者さんがおられて、後任の手続きを行っているという通知が来たんですよ。何でも、自分の事務所で居残りをして書類を作っているときに倒れられて……脳梗塞だったらしいんですけど、発見が遅かったらしくて、そのままお亡くなりに」

「……」


女の子がいたと言っていた患者さんは、やはりそれを感知したときだけ左の方を見る。

左側は、いないはずのものは感じることが出来るのだろうか……。

長い間それが続いていたようだが、新宮さんは退職してしまったので、その後のことは分からないのだという。

いびき

神　薫

外科医の池野先生はその夜、当直室のベッドに寝転がって論文を読んでいた。

論文片手にうとうとしていたら、池野先生は耳障りないびきに眠りを破られた。

ぐおおおう、ぐおおおう。

まるで、獣の咆哮《ほうこう》の如く猛烈ないびきだ。

珍しいこともあるものだ。壁の薄いビジネスホテルとは違い、病院の当直室である。これまで、隣接する他科の当直室からいびきを含め、生活音などが聞こえた試しなどなかった。

池野先生はいつも携帯している耳栓を両耳に装着し、再び床に就いた。

ぐおおおう、ぐおおおう、ぐおおおう、ぐおおおう。

耳栓を装着したにもかかわらず、まだいびきは聞こえ続けている。音に集中してみればこのいびき、自分と重なって聞こえる。まさか頭の中から？　いや、枕の上からだ！

ハッとしてベッドから体を起こすなり、大音量のいびきはぴたりと聞こえなくなった。

「そのとき、ふと思い出したんだ。同僚が先月、急死してたこと」


彼の同僚であった外科医は先月、当直中に呼び出されて夜間緊急手術の執刀を終えた途端、手術室で倒れた。過労から脳出血を起こしたのだ。手術室の床に倒れた同僚は、重い意識障害により舌根が喉の奥へ沈み、異様に大きないびきをかいていたという。

その同僚が生きていたなら、その夜がちょうど彼の当直予定日だった。彼が亡くなったから、池野先生が代わりに当直に入ることになったのだ。

「もしかしたら〈お前も働きすぎると死んでしまうぞ〉と俺に伝えるために、亡き同僚がいびきを聞かせてきたのかもなぁ」

その解釈が正解なのかどうかは不明だが、池野先生が当直室でいびきを聞いたのは今のところ、その一度きりだそうだ。

読経

神　薫

朝の七時、内科で女医の葵先生は病棟の個室に入院中の患者の様子を見に行った。

その患者は五十代の女性。肺炎で入院した当初は胸部レントゲンが真っ白に見えるほど重症だったが、治療が奏功してもうじき退院という頃合いだった。

「おはようございます」とノックをしてから病室の引き戸を開ける。

患者の名前を呼ぼうとして、葵先生は思わず息を呑んだ。

個室の中に禿頭の男達がびっしり立ち並んでいる。

皆、袈裟をまとった僧だ。

「南無妙法蓮華経〜南無妙法蓮華経〜南無妙法蓮華経〜南無妙法蓮華経〜」

僧たちの読経の声が個室内に朗々と響く。六畳の個室は読経する僧で埋め尽くされ、患者が寝ているであろうベッドすらも見当たらない。

「えっ？　私、部屋を間違えた？」

葵先生が反射的に個室の扉を閉めると、薄い引き戸一枚向こうはしんと静まり返った。

改めて入院患者の名札をチェックしたところ、その個室で間違いない。

おそるおそる引き戸を開けると、今度は患者さんが一人ベッドで眠っていた。そこは寝息とバイタルチェックの機械音、点滴がときおりぽたりと滴る音のみの静かな空間だった。

ただ、火の気のない室内の空気に、何故か線香の匂いが濃厚に漂っていた。


「その後、患者さんは亡くなったんですか？　安定していた容体が急変したとか……」

話のオチを私が予想すると、葵先生は慌てて否定した。

「いや、そんなことない、ない。個室の患者さんは元気に退院していったよ。でもね、私のいとこにあたる人が……」

同じ日に事故に遭い、残念なことに亡くなられたそうだ。

「事故に遭ったのがちょうど、私が袈裟懸けの僧の集団を見たのと同じ時刻だったみたい」

もしかしたら僧たちは親戚の不幸を教えに現れたのかもしれないが、「こんな教え方されたら迷惑なんで、もう二度としなくて結構」と葵先生は顔をしかめていた。

憑き墜とし

神薫

宝先生は霊感をお持ちな医師だが、患者さんや同僚にはひた隠しにている。

「俺、霊が見えるよ！　なんて言ったら信用されないでしょ、この〈医療〉業界は。胡散臭いオカルト医師と思われたくないなら、周りには秘密にしとく方がいいでしょ」

人死にのある診療科を避けて、彼が選んだのは皮膚科。皮膚科なら、全身重度熱傷（やけどのこと）でもない限り、まず患者を看取ることはないからだ。

病院といえば霊がうようよいるという噂だが、宝先生によれば、確かに病院ではよく霊を見かけるものの、街中の〈いる〉場所に比べて特に多いというほどでもないという。

「ただ、街中に居る霊に比べて、なんか粘っこいんだよね。病院にたむろしてる霊は」

見える者は霊に縋《すが》られるというのもよく聞く話だが、宝先生もその例に漏れない。

「気づかない振りはしてるんだけど、気を抜くとバチっと目が合っちゃうんだな。すると、たちまち憑いてくるってわけ」

取り憑かれたら霊能者にお祓いを頼むのか尋ねると、宝先生は首を横に振る。

なんでも、宝先生には取り憑いた霊を落とす秘策があるのだとか。

「病院の霊だまりみたいなところに、俺にくっ憑いてる奴を擦りつけるようにすると、綺麗に落ちてくれるんだよ。もう、靴底にくっついたガムをこそげ落とすのより簡単」

病院の霊たちは粘つく塊になっていることが多いので、そのネバネバに新たな霊を取り込ませるように混ぜるのがコツなのだとか。

「もちろん、自分の常勤の病院ではしないよ？　やるのはバイトで行くところだけ。一度行ったらおしまいのバイト先の病院なら、せいせいと霊を捨ててこれるからね」

ある程度憑いた霊が溜まったら、不定期にバイト先の病院に擦り捨ててくる。

だから自分は綺麗な体でいられるのだと宝先生は朗らかに笑っていた。

チョイ借り

小田イ輔

四十代の看護師Aさんが勤務する病院は看護学生の実習を受け入れており、提携している看護学校から毎年数十人の学生が学びを深めにやってくる。

実習では、まだ現場経験のない素人同然の学生たちを徐々に環境に慣れさせつつ、適宜アドバイスを与えながら看護行為の実践に導いていく。

手間はかかるものの、病院側としても実習を入職のキッカケにしてもらいたい目論見があるため、持ちつ持たれつといったところなのだという。

「昔と違って、病院の評判にも関わるし結構気を使うよ。今はスマホがあるんで、実習であっても悪評が立てば直ぐにネットで拡散しちゃうから」

師長として忙しく現場を切り盛りする彼女に「何か妙な経験ありませんか?」と訊ねたところ、以下のような話をしてくれた。

二十数年前のこと、四月、Aさんが勤務していた病棟に配属された新人の一人が「私、実習の時にAさんにお世話になって以来、憧れていたんです」と話しかけてきた。

確かに顔に覚えがある、実習の際に何度も同行を申し込んできた娘だった。

「そんなこと言われたことなかったからさ、最初は照れちゃったんだけど……」

まんざらでもない様子で新人からの言葉を受け取っていたAさんだったが、そのうち、妙な違和感を持ち始めた。

「その娘の話すエピソードを聞いているうちに、何て言うか、話に出てくる『Aさん』って本当に私？　っていう、そんな気持ちになってきて」

あの時にこういう風にアドバイスを頂いて、しんどくなってた時にこういう風に言ってもらって、わからなかったことをこういう風に教えて下さって、などなど、新人が言うところの「こういう風」に関して、Aさんは全く覚えがなかった。

「私も、あの頃は忙しさにかまけて、実習生には塩対応だったから、彼女が言うような『親身なアドバイス』なんてしたことなくてね、だから、人違いの可能性があるなと」

訝しみつつ、それとなく実習中のことを根掘り葉掘り聞いていく。

「担当していた患者とか、その時の役回りとか、その辺は全部合ってるの。私も彼女を処置やなんかに同行させてたのは記憶していたから『行動』だけで言えば私で間違いないんだけれど、彼女にかけてたっていう『言葉』に関しては絶対に違うのね。だって『あなたが看護師を目指したこと自体が尊いんだよ』なんて、酔っぱらってても口からでないもの」

一体、誰と間違われているのか。

彼女が所属していた病棟は、その当時、他の看護師も実習生には冷淡であり、新人が言うような人懐っこいタイプの人間に心当たりは無かった。

「うん……無かったんだけどさ。ただ、その少し前までは、一人だけ居たんだよ」

笑顔を絶やさず、患者に好かれ、常に前向きで、実習生などにも真摯に付き合う、実務に関しても申し分ない働きぶりで、穏やかでありながらも看護師として言わなければならないことはハッキリ言う、絵に描いたような優秀な人物であったらしい。

「若くても立派な看護師だったよ、ただ、あんまりにも正しいことばっかり言うもんだから周りから煙たがられちゃってさ、激務を背負わされた挙句にパワハラで抑え込まれて、耐え兼ねたんだろうね、死んじゃったんだわ」

遺書も無い自殺であったという。

「時系列で言えば、その新人ちゃんが実習生としてやってくるほんの数週間前のこと。あの時はだから酷い雰囲気だった、自分らで人ひとり追い込んでるんだもん、医療職なんだし、よってたかって苛め殺したことに無自覚な人間はさすがに居なかったと思うよ」

新人が「Aさんに」かけてもらったという親身なアドバイスは、内容から言葉使いに至るまで、自死を余儀なくされた「彼女」を髣髴《ほうふつ》とさせるものだったとAさんは言う。

「四十九日も過ぎてなかった頃だから、あるいはその辺をまだ漂ってて、塩対応の私にヤキモキしてたんじゃないかな。だから私の体をチョイ借りして、自分の言いたいこと言ってあげたのかも、わかんないけどね。私には何も言わずに死んじゃったから……勝手だよほんと……生きて自分の口で伝えれば良かったのにさ……」

自死した彼女は、Aさんとは同期で、親友だったそうだ。

気配との思い出

小田イ輔

三十代の女性Fさんが、病気で入院していた時の話。

「毎日点滴をするんだけど、その副作用なのか、ものすごく眠くなるのね」

当初は眠気に任せて眠っていたが、それが何日も続くのには参ったそうだ。

「時間感覚が狂うんだよ、今日が何日で何曜日でっていうのがわからなくなってくるの。二日ぐらいかなと思っているところ、もう四日過ぎてたりして」

代わり映えしない病室、医療者との同じようなやり取り、コロナ禍中での入院だったこともあり誰かが面会に来ることもない。ベッド上での安静を言い渡されていた彼女は、六週間に及ぶ入院期間の三分の一を、そのような環境ですごしていた。

「二人部屋だったんだけど、入院して何日か後には隣の人が退院しちゃって話し相手も居ないし。ずっと一人で点滴受けながら、ぼやっとしては寝てのくり返しで……精神的にも辛くなってきたから、どうしようか考えて、結局、本を読むことにしたんだ」

もちろん点滴は続いており、たびたび強い眠気に襲われはしたものの、それに抗うように本を手に取って、うとうとしながら読み進む。

「好きな作家の本を何冊か持ち込んではいたの、ただ、それまでは眠気が強いせいで本なんて読む気にならなかったんだよね。でも無理やりにでも読まないとおかしくなりそうでさ、とにかく刺激が欲しかったんだよ、ぼんやり寝たり食べたりの日々の中で、疑似的にでもいいから、新鮮な感情を得たかった。うん、最初はね、そうだったんだけど――」


本を読み始めて数日後、Fさんは不意に気付いた。

自分の部屋の窓側、だれも居ないはずのベッドに誰かがいる。

「眠いんだよ、眠くて眠くて、眠いんだけど寝るのは嫌で、頭に霞がかかったような状態の中、無理矢理かじりつくように文字に目を走らせてるわけ。だから何て言うんだろう、半分は寝てるのに半分は覚醒してるみたいな、そんな精神状態だったから」

夢うつつにいた彼女は「誰かの気配がする」ことを怖いとは思わなかったらしい。それどころか孤独が紛れる気さえし、かえって心が落ち着いたと語る。

「目では文字を追ってるんだけど、その視界の外側で誰かが動いてる気配がする。でもこっちが本から目を離して隣を見ても何も見えない、気配も消えちゃう」

本を読んでいる時だけ明確に感じられる気配、しかしその主を目視しようとしてもそれは叶わない、じれったい関係性。

「あのとき私は『隣の気配を感じたくて』本を読んでたところがあった。でも気配を感じるにはある程度本に集中してなくちゃならなくて、集中するには眠気に抗わなければならなくてっていう」

いつの間にか始まった、妙な気配との、遠回りに遠回りを重ねたコミュニケーション。

「多分、若い女の人で、ちょっと足の具合が悪いのかな、歩くのが大変そうな感じ。相手は私がいることは認識してて、それでも何か干渉してくるようなこともなく……すごく心地よい距離感を取ってくれてたな」

そんな中、特に印象的なできごとがあったという。

「その時も私は本に目をやってたんだけど、『気配』がなんだかこっちを気にしてるんだ」

夕方、長く伸びた西日が差しこみ、彼女たちの部屋を優しい茜色に染めている。

「いやホント不思議、私は本に目を向けてたはずなのに、今こうやって思い出すと、西日でフワっと明るくなった部屋の全景が浮かんでくる」

美しく照らされた部屋で本を読むFさんと、西日を浴びてご機嫌な様子の「彼女」。

――あぁ、楽しいねぇ。

目では文字を追いつつも、Fさんの口からは、思わずそんな言葉がこぼれた。

「私の言葉を聞いて『気配』がなんだか嬉しそうな感じになったから、つい窓側を向いたんだよね、でも、やっぱり誰も居ないんだ、西日だけがキラキラしてて」

やがて、回復するにつれ点滴のレシピが変わったのか、Fさんに強烈な眠気は起こらなくなってきた。徐々に眠気から解放されていく彼女は次第に『気配』を感じることも少なくなり、退院する頃には自分が恥ずかしい妄想をしていたのではないかと思うぐらいには現実感を取り戻していたと語る。

「ただね、私、退院の時間、ちょうど夕方だったの。荷物持ってドアから出る前に、何となく振り返ったら、部屋が綺麗な茜色に染まっててさ、もう、あの時はたまらなかったな……もっかい入院しようかと思ったぐらい……」

現在は健康を取り戻し溌溂とした日々を過ごしているFさんだが、辛かった日々の傍らに居てくれた見えない友人との思い出を夕焼けのたびに思い出すそうだ。

遵守すべし

黒木あるじ

「病院名は絶対バレないようにしてね。ま、同僚が見たら一発だけど。あっはっは」
おおらかな性格なのか、豪快に笑いながら看護師のYさんがこんな話を教えてくれた。

彼女が働く市民病院には、〈夜勤マニュアル〉があるのだという。

A4用紙をバインダーに挟んだ薄い冊子で、冒頭の数ページはバイタルチェックや体位交換、点滴の自己抜去など諸々の注意点を記した内容になっている。

しかし、最後のページだけは様子が違う。長らく受け継がれているのか、紙質や印字が前のページとは異なっている。そして、内容も普通ではない。

・夜勤中は旧館側の窓を開けないこと、できればガラスに触れるのも控えること
・20[redacted]号室からのナースコールは、かならず一回無視すること

・誤って受話器を取った際は仮眠室にある塩を大匙一杯、水に溶かして飲むこと
・巡回中に「かみさま」と声が聞こえても、けっして反応しないこと
・一階におりるときは西側の階段を、詰め所へ戻るときは東側の階段を使用すること
・階段を間違えた場合は、午前三時半まで絶対に立ち止まらず館内を歩き続けること
・見おぼえのない看護師に会ったら、すぐに「かみさま」と大声で言うこと

「……それ、誰かがイタズラで書いたんじゃないですか」

彼女の説明を聞き、私はうっかり口を滑らせてしまった。あまりにも怪談じみていて、「すこし出来すぎではないか」との感想を抱いたのである。

こちらの失礼な発言にもYさんは「でしょ」と笑っていたが、ふいに真顔になると、

「私もね、あのときまではそう思ってたのよ」

「あのとき」がなにを指すのかは、最後まで教えてもらえなかった。

閉鎖病棟奇譚

神 薫

上田君は医学部五年生のときに、実習で精神病院を訪ねたことがある。

「臨床実習（ポリクリ）で精神科をまわるんですが、大学病院だけでなく、関連施設も出張見学するカリキュラムになってるんです」

当時、上田君の志望は内科か外科の二択であり、精神科には全く興味がなかった。

「学生時代は精神科に偏見を持ってました。心って検査数値みたいに見えないし、パキっと割り切れないでしょう。それって科学なのかなぁって……胡乱《うろん》な印象があったんです」

医学部は選択性ではなく、全科目が必修科目である。各科に厳しい出席日数が課され、欠席は即留年につながる。精神科が嫌いであっても、医師免許を手にするためには実習を休むわけにいかなかった。

その日、一日に二本しか運航しないバス路線で一時間半かけてたどりついたのは、山奥にある古めかしい精神病院だった。

「辺鄙な土地に建っているのには、わけがあるんです。以前、反対運動が起きたので、街中に建てるのは難しかったみたいで」

病院の敷地には鬱蒼と樹木が生い茂り、見渡す限り緑、緑、緑。人工物は病院の建物と病院前のバス停だけで周囲に店舗や民家はなかった。

「その病院は外来がなくて入院専門のところでした。よその病院から紹介されてきた症状の重い患者さんが中心なんです。十年以上入院したきり、なんて人もざらでした」

医学生たちは、そこに勤務する精神科医のガイドにより病棟を見学した。

「そこでは病院食堂が患者さんも職員も共通で、一緒に食べるんです。大学病院では医者の食堂は別なので、初めて患者さんと隣り合わせでランチをするという貴重な経験をしました」

短い昼休み後、上田君たちは閉鎖病棟に足を踏み入れた。

そこには、患者が暴れても怪我しないようウレタンのクッションフォームが全面に貼られた部屋、広さこそあるが金属の格子で囲まれた座敷牢のごとき部屋など、彼が今まで見たことのない病室が累々と並んでいた。

「今も記憶に焼き付いているのは、或る疾患の末期ですが、手を上げたなら上げたまま同じ姿勢をとっている患者さんの姿です。疲れないはずはないのに、ずっとそうしているので……見ていたらなんだか辛くなって、涙が出てきてしまって……」

気付いたときには、上田君は一人ぼっちになっていた。彼が涙ぐんで立ち止まっている間に、引率の医師と見学者たちは先に行ってしまったらしかった。

慌てて後を追おうとしたが、病棟に順路の矢印があるわけもなく、どちらに行ったのかわからない。上田君は完全にはぐれ、迷子になってしまった。

大声で仲間を呼ばわるのもはばかられ、うろうろと通路を歩きまわるうちに、袋小路に入り込んでいた。

通路の突き当たりには六畳ほどの和室があり、格子に囲まれたその部屋には男が一人胡坐をかいている。

牢屋に似た部屋の男は髪と髭が伸びており、仙人のように浮世離れした印象だった。

「白髪だから老人だと思ったんですけど、髪の手入れをしていないだけで、本当はもっと若い人だったのかもしれないです」

部屋の前に立つ上田君に気付いてか、男は顔を上げた。座ったまま、上目づかいで頬をぐちゅぐちゅとせわしなく膨らめたりへこましたりしている。

「口をゆすいでるのかな、って見てたんですが」

マーライオンの如く、〈ぴゅうっ〉と、男は口の中のものを吐き出した。噴水と異なるのは、男の口からぶちまけられた液体が赤いことだった。

上田君は目を剥いて畳を見た。血液と唾液の混ざり合った吐しゃ物の中に、ピンク色のポップコーンのようなものがごろごろ転がっている。臼のような平面と、そこから伸びる意外に長い根っこは、歯牙の形状そのものだ。長いこと口の中で血液に浸かっていたのであろうそれは、本来の乳白色ではなく薄い桃色に染まっていた。

男は血まみれになった口角をくっと上げて、上田君を見つめた。

「人間、本当にビビってしまうと声が出せないんですね」

男は口を開けて見せた。紅色の涎が糸を引く口の中には、折れた櫛のようにまばらになった前歯が、まだ三、四本残っていた。

「もう奥歯はやっつけた後だったみたいで……その人、前歯しか残ってなかったんです」

残り少ない前歯の一本を、男はおもむろに指でつまんだ。

「う〜、う〜って唸りながら、その人は指を口に入れて、力まかせにぐいぐい動かしたんです」

みちっ、と肉の裂ける音が聞こえた。麻酔なしで歯を抜く痛みを想像し、上田君はぶるりと身震いした。

ふっと男の手が動きを止めた。口元からとろりと新たな血液が流れ出る。くわっと開いた口の中、前歯が植わっていた歯茎には、こんこんと血の湧きだす小さな穴が開いていた。自らの手で歯を引き抜いた男は、誇らしげにそれを掲げて見せた。

「見たくはなかったんですけど、なんだか目を離せない迫力があって……」

男のつまんでいる歯、黄ばんだ歯石の付着したその根元に桜色の歯肉がへばりついており、上田君は自分まで歯が痛くなったような気がしたという。

う〜、う〜、ううう、う〜ん！

男は抜いたばかりの歯を畳の上に置くと、唸り声と共に残る歯を殲滅しにかかった。スウェットパンツの股間に〈じゅわっ〉と黄褐色の液体が染み出し、じわじわと布地に広がる。自傷行為の苦痛からか、男は失禁していた。

「そんなことはやめてくれ、見てるだけでも痛いからやめてくれ、と思ったんですが」

上田君の思いは男に通じるわけもなく、残る三本の前歯もぐんぐん抜き取られていった。ぐっしょりと血で湿った畳の上に、男は抜いた歯を並べていく。それは大切な物を扱うように丁寧な手つきであった。

そんな不毛な作業の一部始終を、上田君は奇妙な義務感にかられて観察し続けたという。

血液が浸潤して桜色に染まった歯の周りに、小指の先ほどの大きさのブルーベリージャムに似た物体が落ちていた。〈凝固しかけた血の塊だ〉と上田君は思った。

「そのとき僕は現実逃避モードに入ってて、血の染みた畳を掃除するのは大変だろうなあなんて、明後日なことを考えてました」

全部で十本ほどの引き抜かれた歯牙を並べ終えると、男は胡坐を崩して正座し、血混じりの涎をこぼしつつ、すっと右手を上げてこちらを指さした。

「うぅわっ！」

上田君の口から思わず悲鳴が漏れた。

しばし見つめ合った後、すいっと男は指を返すと自らの右目にまっすぐ突き立てた。眼球に、ではない。男は右目の脇、眼窩に指をぐりぐりと深く埋めていた。

う〜ん、う〜んと念仏のように低く単調な声をあげながら、男は右目をほじくり続ける。

十数秒の苦闘の末、ついに眼球が眼窩から掻き出された。楕円形にたわんだ眼球には、肉色をした眼筋（眼球を動かすための筋肉）がむしれて付いていた。

視神経がちぎれるところを上田君は見ていない。眼球が抉り出される瞬間、彼はコンクリートの床に先刻食べたランチを吐き戻していたのだ。

自ら抉り出した眼球を、男は堂々と掲げて見せた。

男の右目は肉色の空洞となり、血の涙が〈どろっ、どろっ〉とあふれ出していた。

そんな、まさか。上田君は目の前の光景を疑った。

無事な方の目を閉じた男が、抉った眼球を口にくわえた。丸められた上下の唇の間に、眼球がすっぽりはまりこんでいる。男はすっかり歯を失った歯茎で眼球をサンドしていた。歯根の抜けた痕に、ブルーベリージャムに似た血塊がぼつぼつと盛り上がっているのが見えた。格子越しに男の唇が、まるでキスを求めるような形で突き出されているのは、悪夢のようにグロテスクで滑稽な光景であったという。

やめろやめろ、もうやめてくれ。

願いも空しく、男は歯のない歯茎に力をかけて〈ぶちゅり〉と眼球を噛みつぶした。上田君は顔を両手で覆っていたため、圧力をかけられた眼球がひしゃげ破裂してゼリーのような内容物を垂れ流すところは目撃せずに済んだ。

にちゃにちゃ、むちゅむちゅ。

歯のない口で、男は眼球を咀嚼する。上田君は涙目でじっとそれを見ていた。

……ごきゅり。

歯のときとは違って、今度は吐き出さずに男は中身を飲み込んだ。

にたりと無惨な顔で笑う男が、残る左目に人差し指を突き立てたとき、上田君の意識は忍耐の限界を超えてブラックアウトした。

「おい、大丈夫か？」

軽くぺちぺちと顔を叩かれた。誰かに頬を平手で張られているのだ。

上田君は、固く閉じていた目を開いた。

視界に入ったのは〈両目を抉った血まみれの男〉ではなく、白衣に身を包んだ引率の精神科医。上田君はいつの間にか、処置室のベッドに寝かされていた。

医学生が一人足りないことに気付いた医師が廊下を引き返したところ、閉鎖病棟の入り口で倒れていた彼を見つけたのだという。床に嘔吐していたが気道の閉塞はなく、呼吸脈拍などのバイタルサインにも異常はなかったため救護室に寝かせておいたのだと医師は説明した。

「どうして倒れたのか、頭を打ってはいないか、何か基礎疾患（持病）があるのか」

医師から矢継ぎ早に尋ねられた上田君は、見たものを洗いざらい打ち明けた。医師は彼の話を黙って聞いてくれたが、眼球を抉る件《くだり》になると少し怖い顔になった。

「それ、誰から聞いた？　うちのこと、よく調べてきたな」

「人に聞いたんじゃありません。さっき見たんです」

上田君をなだめるように、医師は厳かな口調で言った。

「確かに、そういう患者はいたよ」

上田君が見た〈全ての歯をへし折り、両眼を抉って食べる〉という悲惨な自傷行為に及んだ患者が、かつてここに入院していたという。

「ただ、それは何十年も前のことだ。その人は、ずいぶん前に亡くなってる」

怪訝そうな表情の上田君に、医師は強く口止めをした。

「昔のことだから、学校で言いふらしたりするなよ」


「あれは夢なのか、超常現象だったのか……あの人の真剣な表情、何かを訴えかけてくる顔が忘れられないんです」

現在、医師の卵として多忙な日々を送っている上田君は、当初の志望を変更した。

「怖い思いをしたっていうのに自分でも不思議なんですけど、将来は精神科に進もうと思うようになりました。ああいった行為を医療により未然に防ぐことができたら、僕があの人を目撃したことにも、意味が生まれると思うんです」

時には理解できぬ行為におよぶ人の心を、自分の手で科学的に解き明かしてみたいと上田君は抱負を語った。

冷蔵庫

神沼三平太

「夫が意識を失って入院したときに、病院の休憩室に泊まったことがあるんですよ」

そのときは、あかりさんと義母が付き添いで待機することになった。医療関係者でも何でもないので、何かできる訳ではない。だが、それでもただ近くにいるだけで、夫の力になれるような気もした。

看護師からは夜の間は休憩室で休んでもらっていても良いと言われている。そこにはテーブルと椅子があり、テレビと冷蔵庫もある。しかし、今は深夜で部屋の電気は落ちて真っ暗だ。明るい廊下よりは寝られるだろうという、病院側からの気遣いかもしれない。

「交代で休まないと、私達も参っちゃうわよね」

義母の言葉に、あかりさんはどうぞ先に休んで下さいと答えた。普段ならもう寝付いている時間でも、まるで寝られそうにない。気が張っているからだろう。

だが、休んだはずの義母は小一時間と経たずに戻ってきた。心なしか顔が青い。

「お義母さん、もっと横にならないと、疲れも取れませんよ」

「いいのよ。次はあかりさんが休んでらして」

そう言われて休憩室に足を踏み入れたが、どうにも気持ちが悪い。

廊下からの光が差し込んではいても、視界はないようなものだ。

ソファに横になっても、やはり寝られない。

――夜の病院というのは気持ちの良いものではないな。

目を閉じて、ぼんやりとそんなことを考える。

それはよく知らない広い場所なら、何処も同じかもしれない。学校だって会社だって、劇場だって、深夜ならそれなりに気持ち悪いのだろう。ただ、病院が他と違うのは、死の匂いがするところだ。この独特の尻の据わりの悪さは、そういうことだからだろうか。

全く寝られる気がしない。これなら朝まで廊下で座っていたほうがまだマシだ。

あかりさんも三十分と経たずに廊下に戻った。

「あの部屋、落ち着かないですね」

義母に声を掛けると、彼女はあかりさんの顔を見つめた。

「あなたも見たの?」

「え、お義母さんは何か見たんですか?」

その問い掛けに、彼女は黙って頷いた。

義母が暗い中でソファに横になっていると、キイキイと金属の軋む音がしたという。

ああ、誰か来たんだなと思って目を開けると、冷蔵庫の中を車椅子に座った男性が覗いている。オレンジ色の光が男性を照らしていた。入院中の患者なのだろう。

黄色いTシャツ姿。年齢は十五歳くらいで、ほっそりとした体型。

それが冷蔵庫からの光に照らされて闇の中に浮き上がって見える。その姿を斜め後ろから眺めている。

お腹が空いたのかなと、義母は微笑ましい気持ちになった。

その気配を感じ取ったのだろうか。車椅子の少年は、はっと驚いたような顔をして、こちらを振り返った。見られてしまったことに焦っているような表情。

その直後、少年は車椅子ごと消えた。残された開きっ放しの冷蔵庫は、暫くすると、パタリと音を立てて扉が閉まり、周囲は再び闇に包まれた。

「さっきは見ちゃいけないものを見ちゃったわって思ってね。すぐに出てきたのよ。あの子には悪いことしたわ」

強がりなのか本心なのか、義母はそう言って微笑んだ。

特殊な病室

戸神重明

これは別の総合病院で働く看護師から伺った話だ。

そこには特殊な病室があるという。

その六人部屋に老人の患者を入院させると、決まって数日以内に騒ぎ出す。

「夜になると部屋に女がいるんだ！　赤い服を着た、髪の長い、若え女《わけ》だ。左のほっぺたに黒子《ほくろ》がある。ここは男部屋なんだぞ！　追い出してくんな！」

ただし、医師や看護師、他の入院患者などには、その女の姿が見えない。

なだめてそのままにしておくと、老人は重度の認知症を発症してしまう。

過去に入院させた老人全員が同じことを言ったあと、言動に異状を来して精神科がある他の病院へ移ったり、特別養護老人ホームに入所したりしている。

老人といっても、入院までは精神が安定していた人たちなのだ。

認知症による幻覚だろう、と医師は判断を下した。

だが、別々の時期に入院した老人たちがいずれも〈赤い服を着て、髪が長く、若くて、左の頰に黒子がある女〉を見たと証言していることは不可解であり、看護師たちの間で問題になった。

そこでその病室には若い患者しか入院させないようにしたところ、認知症を発症する患者は出なくなったそうだ。

病院のベッド

内藤　駆

ある日、佐川さん姉妹は、内臓の調子が悪くて入院している伯母のお見舞いに行った。

伯母の入院している病院は交通の便の悪い所にあるから、最寄り駅から結構な距離を歩かなくてはならない。

姉妹はその病院に行くのは初めてだったが、ネットである程度の情報は得ていた。

「伯母さん、もっと新しくて家から近い病院に入院すればよかったのに」

歩いて病院に向かう途中で妹さんが愚痴るとお姉さんは、

「伯母さんが前の病院からお世話になっている先生が、この病院に転勤されたそうなのよ。伯母さん、どうしてもその先生じゃないと嫌なんですって」

そんなことを話しているうちに目的の病院に着いた。

病院はなかなか大きかったが、四十年以上前に建てられただけあって、平成生まれの姉妹にはさすがに古臭く感じられた。

病院に入って受付を済ますと、姉妹は伯母さんの入院する部屋に行った。

部屋は四人部屋だったが、入り口から見て右奥の伯母さんのベッドと右手前のベッドの二人分しか使用されていない。

しかし右手前、つまり伯母の隣のベッドはカーテンで全体が覆われていて、どんな患者が使用しているのか分からなかった。

「遠くまでよく来てくれたわね」

伯母は思ったより元気そうだった。

姉妹はお見舞いの花を花瓶に生けると、隣に配慮しながら他愛のない雑談をした。

「もう、いい加減に帰らせて！」

女性の叫び声とともに、隣のベッドのカーテンの隙間から肘から先の腕が勢いよく飛び出してきた。

伯母も着ている病院の寝間着が、隣のカーテンの隙間から覗いている。

その指先には真っ赤なマニキュアを塗った爪が見えたが、突き出された肘から手先までは皺くちゃで、カーテン内にいるのは高齢女性だと思われた。

三人は驚いたが、腕はすぐにカーテン内に引っ込んだ。

「お隣、どんな方なの？」

お姉さんが小声で訊くと伯母は首を軽く左右に振って、

「分からない。だって御挨拶どころか顔も見たことないの」

伯母は気味悪そうにカーテンに覆われたベッドを見た。

伯母の話によると一週間程前、彼女が朝起きるとベッドは既にカーテンで覆われていたという。

看護師や医師にどんな方が隣のベッドに来たのか訊ねたが、「患者様の御意向で答えられない」とのことだった。

部屋の入り口にあるネームプレートにも名前は書かれていない。

隣の御婦人(?)は日に何度もナースコールを押し、ナースを呼び出しては、あれがしたい、これがしたい、この病院はここがなってない、などとワガママばかり言っていた。

ナースが呼ばれたときは伯母さんとは逆側のカーテンを開けて対応するので、どんな女性患者なのかは見ることができない。

不思議なのがトイレも食事もしている様子がないところだ。

「栄養は点滴で、トイレは溲瓶《しびん》とかで対応できるかもしれないけど、点滴台はないし排泄を介助している様子は全然ないのよ」

佐川さん姉妹は伯母の話を聞き、急に隣のカーテン内の人物が不気味に思えてきた。

「何でよりによって私の隣なのかしらねぇ。橋本先生も元気がないし」

伯母は深い溜め息を吐いた。

橋本先生というのは、伯母が前の病院でお世話になっていた医師のことだ。

しかし、明るかった橋本先生も以前に比べて随分と陰気になってしまったという。

「みんなこの病院がいけないのね。あと数日で退院だから良かったわ」

それから少し話した後、佐川姉妹は伯母さんに別れを告げ、部屋を出ようとした。

そのとき、隣の婦人がナースコールを押したのか、ナースがやってきた。

「お待たせしました、どうなさいました？」

「どうなさいましたじゃないわよ、大体ね……」

伯母は、「ほら、始まった」と呆れ顔をし、お姉さんは伯母を見て苦笑した。

しかし、妹さんだけは押し黙っていた。


「伯母さん、すぐに退院だからあの病院はもう行かないよね？」

帰り道、妹さんが俯きながらお姉さんに訊いた。

「そうね、どうして？」

「私、カーテンの中を覗き見たの。帰るときに」

妹さんが衝撃の告白をした。

「ホント！　どんな人だった？」

「今でも信じられないけど……」と、妹さんがカーテンの中のことを言おうとしたとき、バキッ！バキッ！　と立て続けに二人のスマホの画面が割れた。

二人はその現象に驚愕し、目を大きく開けたまましばらく震えていた。

そして姉妹はその話題に二度と触れることはなかった。


その後、伯母は無事に退院したが、例の橋本先生は退職してしまったという。

カーテンで覆われた隣のベッドは伯母が退院する前日に、いつの間にか、もぬけのからになっていたらしい。

カーテンの中にいた人物の姿は、今でも妹さんの心に奥に眠ったままだ。

観察及び仮説

小田イ輔

「壁に半分埋まってるんですよ、顔が」

「え？　どういう状況？」

「うちの病衣を着た人が廊下に立ってて、でも顔の部分だけ壁にめり込んでるんです」

「立った状態で、顔が壁に……」

「そう、水に顔つけるみたいな感じで」

「男の人？　女の人？」

「男の人、青い病衣着てて」

「なるほど……」

「普通、壁に埋まらないじゃないですか、顔」

「埋まらないでしょうね」

「だから見かけるたびに『幽霊なんだろうな』と思ってて」

「え？　一回じゃないんだ？」

「うん、割と毎日見てた」

「怖いとは思わなかった？」

「血が出てたり、キモい動きしてたら驚いたかもだけど」

「ただ突っ立ってるだけ？」

「顔が壁に埋まってる状態で、じっとしてるんです」

「それ、他の人には見えないんですかね？」

「どうなんだろ、みんなが見えたのなら大騒ぎになってたんじゃないですか？」

「それはそうですね」

「私、自分は馬鹿だなって自覚あって」

「はい」

「だからこんな馬鹿なもの見るのかなとか、悲しくなりはしましたね」

「でも国家試験には合格したんでしょ？」

「マークシートは運だもん、運だけは良い方だから」

「……」

「ほんと、見るたび馬鹿を思い知らされてるようで、嫌ではありました」

「なんというか……」

「あと、ちょっと寂しかったかな、誰にも相談できないし」

「そりゃ『壁に顔がめり込んだ人が立ってます』って、言えないよね」

「そうそう、そんなこと言ったら仕事任せて貰えなくなっちゃうと思って」

「我慢してた？」

「我慢っていうか、まぁ、どうでもいいかなって、害あるわけでもないし」

「ああ、そこは割とドライなんですね」

「お坊さんでも神父さんでもないし、ただの看護師だから私」

「放っておいたと……」

「うんまぁ、それで結局、どうなったと思います？」

「え？　どうにかなったんですか？」

「なったっていうか、退院していったんですよ」

「壁にめり込んでるんですよね？」

「いや、めり込んでる方じゃなくて本体」

「本体？」

「そう、その頃、用事でレントゲン室に寄った時に、丁度検査中の患者さんがいて」

「はい」

「なんだか見覚えあるなぁって眺めてたら、背格好から背中の雰囲気までそっくり」

「めり込んでる人に？」

「そう、壁男に」

「ええ？」

「私、その人の病室を把握して、隣の病棟だったから観察し始めたんですよね」

「はいはい」

「それで次の日かな、壁男がめり込んでるの見た後で、例の人の病室覗いてみたら」

「みたら？」

「寝てたんです」

「寝てた？」

「で、確認だけして引き返したんですけど、そしたら、さっきまでいた壁男がいない」

「はあ？」

「私ピンと来て、また病室覗きに走ったんですよ、もしやと思って」

「そしたら？」

「起きてたんです、その人」

「ほうほう」

「だからアレ、あの本体が寝てる時にこう、何かがうっかり外に出ちゃって」

「あー、なるほど！　タマシイ的なものが」

「そう！　それで寝惚けたまま、あそこの壁にハマっちゃってたんだと思う」

「あっはっは」

「そういや壁男が出るのって夜勤中とか昼過ぎだったなと」

「あー、夜だしお昼寝だしって、マジか」

「その後もずっと観察してたんですけど、やっぱ本体が寝てると出るの」

「あはは、うっかり出ちゃうんだ、体から」

「で、退院したら壁男も出なくなって、良かったなって」

「いやぁ、その人またハマってなきゃいいね、どっかの壁に」

家族だからね

黒木あるじ

キヨミさんの父は、総合病院に勤める外科医だった。

「娘のわたしが言うのもなんですけれど、本当に真面目な人で。理屈が判らないと絶対に納得しない、いかにもお医者さんらしい性格なんです」

だから——あのときは本当に驚きました。


ある晩、父が帰宅するなり「いや、あんなコトがあるんだねえ」と何度も独りごちた。

はじめはキヨミさんも「なんの話だろう」と思いつつ静観していたのだが、その間にも父は「そうだよねえ」「僕もそうするもんなあ」などと、ぶつぶつ繰り返している。

「ちょっと、さっきからどうしたんですか」

堪らず母が訊ねても、父はしばらく「いや、オカシくなったと思われるだろうから」と恥ずかしそうに口篭っていたが——そのうち覚悟を決めたのか、

「これから話すことは、嘘や冗談じゃないからね」

しつこいほど念押ししてから、お中元に貰ったブランデーの封を切ってグラスに注いだ。

普段は晩酌もしない父である。

驚く母とキヨミさんを前に、父はブランデーで唇を湿らせてから、

「実はね……」

と、静かに語りはじめた。


パパの受け持っている患者さんに、お年を召した女性がいるんだけどさ。

具体的な病名は控えておくけれど、入院してきた時点であまり病状が良くなかったんだ。

そこで緊急手術をすると決まって、パパが執刀を務めることになったんだよ。

その手術が、今日あったんだけどね。

さほど難しいオペではないから、パパもわりと鷹揚に構えていたんだ。ところが、まもなく手術開始という時刻に、患者さんを担当していた看護師がやってきて――。

「ご主人が〝心配だから、担当の先生にご挨拶させてくれ〟って譲らないんです」

申しわけなさそうに言うんだよ。

挨拶なんかされても困っちゃうし、「手術前で忙しい」と断っても良かったんだけどね。

さっきも言ったとおり難易度の高いオペじゃなかったから、気持ちに余裕があったんだな。

「オッケー、直接お会いして〝心配ないです〟と励ましておくよ」

そう言って、パパは旦那さんが待機している待合室へ向かったんだ。

病状、手術内容、おおよその時間。なにをどう説明するか、頭のなかで順序立てながら待合室のドアをノックして、ドアを開けると――。

誰もいなくてね。

待合室は電気も点いておらず、真っ暗で。しんと静まりかえっているんだよ。

それでも、直前まで人がいたのなら、ぬくもりというか気配というか――余韻みたいなものが漂っていると思うんだけど、長いあいだ無人だったのが容易に判る空気なんだ。

不思議だったけれど、なにせ手術が控えているだろ。このまま首を捻っているわけにもいかず、パパはすぐに気持ちを切り替えて手術室に向かったんだよ。

それで、まあオペは問題なく終わったんだけど――そのあとが、ますます妙でね。

ドラマなんかで見たことがあるかな。ご家族の多くは、手術が成功したかを聞きたくて手術室の前で待機しているケースが多いんだ。

ところが、無人なんだよ。廊下のベンチは空っぽ。念のため待合室も覗いてみたけど、やっぱり誰の姿もなかったんだ。

わざわざ手術前に「挨拶をしたい」と言っていた家族が不在だなんて、なんだか納得がいかないだろう。うん、パパはそういうのが気になる性格なんだな。

そこで、いろいろ理由をつけて看護師にカルテを確認させてもらったんだけど――。

いなかったよ。旦那さん。

何年も前に亡くなっていたんだ。

いや、合理的に考えれば「看護師のイタズラだった」とか「夫を騙《かた》った別人だ」とか、理屈はいくらでもつくんだけどね。でもさ、違う気がしたんだよ。

よほど心配だったんだろうな――そう思ったほうが腑に落ちるじゃないか。

だって、パパが旦那さんの立場なら、きっとおなじことをするものね。

家族だからね。


あの夜から、今年で十六年が経った。

父はすでに現役を引退したが、いまもおりにふれては「あの日の出来事」を話題にする。

そのときは、きまって普段飲まないブランデーを母にリクエストするのだという。

最近はキヨミさんも話を聞きながら、晩酌につきあっている。

直腸内異物

雨宮淳司

市井《しせい》の診療所で、長らく看護婦として働いていた白川さんから聞いた話。

今はもう初老に差し掛かった白川さんが、一番溌剌《はつらつ》としていた昭和四十年代の終わり頃、とある市の工業地帯の外れに彼女の勤める小さな診療所はあった。

そこは外科を専門とする医院で、山崎という五十台後半の医師が自宅を兼ねた建物で開業していた。

山崎医師は地域ではよく知られた名物ドクターで、偏屈だという評判もあった。しかし、製鉄所やコークス炉で働く荒くれ労働者を相手に一歩も引かず、冗談を言いながら傷を縫ったりする様はとても豪快で、白川さんはその人柄が大好きだったという。

看護婦は白川さんの他にもいたが皆パート勤めで、診療時間の終わり頃には自宅の近い白川さん一人になることが多かった。

六月のある日のこと。そろそろ診療所を閉めて帰り支度をしようかと、白川さんが受付から腰を上げると、ガラガラと入り口の引き戸が開いた。

見ると、身体に合わない学生服を着た、どうやら中学の新入生と思われる小柄な少年が立っている。

白川さんは、襟章が外してあるのにすぐ気付いた。

「あの……」

少年は口籠もると、拳を握っていた。

「どうしたの？　診察ですか？」

「はい……」

「ケガ？」

少年の外見には特に異状は見られなかった。

「あの……」

少年はまた口籠もると、一瞬、首筋まで赤みを帯びるほどの緊張を見せ「お尻が……」

と、絞り出すように言った。

痔核や痔瘻といった肛門周囲の疾病名が白川さんの頭をよぎったが、少年のまるで女の子のような端正な顔立ちを見るに付け、もしや変質者に暴行を受けたのではないか、という考えが浮かんだ。

突飛すぎるかと考え直したが、繊細な年頃だし、どうも看護婦には話しにくいのかもしれないことが少年の様子から窺えた。

そこで、その場では事情を詳しく訊かず、山崎医師に連絡した。


「お尻?」

山崎医師は、診察室に入ってきても押し黙ってじっと佇立したままの少年を見て、少し考えていたが、

「レントゲンの用意をして」と、白川さんに指示を出した。

(レントゲン?)

よく理由がわからないまま白川さんは手順通り機械の電源を入れ、カートリッジにフィルムを装填した。

撮影室に下着姿になった少年と山崎医師が入れ代わりに入った。ドアの閉まる間際に、立位で少年の腰の辺りに照準を当てている様子が見て取れた。

少年は大人しく指示に従っている。つまり、X線に写る種類の疾病だということを少年自身は知っているわけだ。お尻の周囲の傷などは、レントゲン写真には写らない。

撮影が終わった。現像とフィルムの乾燥は白川さんに任された。

暗室で自動現像装置を操作する。やがて、ゆっくりとフィルムが吐き出された。

骨盤の中に、はっきりと『歯ブラシ』の白い影があった。

（ああ、異物……）

昔、先輩から聞いたことがあった。

主に思春期に、「行き過ぎたマスターベーション」として、肛門内に異物を挿入する子供がいることを。


すぐに異物を取り出す処置が行われた。ワセリンを塗った肛門鏡とピンセットを使って、山崎医師は難なくそれを取り出した。

汚物にまみれた歯ブラシを処分して、白川さんがげんなりした気分で診察室に帰って来ると、山崎医師がカルテ記載をしていた。

（あ、住所氏名とか保険証確認がまだだわ）と、白川さんは事務的不備を心配した。

病名――直腸内異物。

が、山崎医師はそこまで書くと動きがピタリと止まり、おもむろにポケットからハイライトを取り出して一本咥えた。

溜め息のように紫煙を吐き出すと、そのカルテをビリビリと破いてしまった。

そして、にやりと笑って、

「記録に残すとこういうことは後々気になるものだ。思春期は誰だって変なことをやりかねない時期だし、なかったことにしてやるほうがいいだろうなあ」

「え？　サービスですか？」

「強欲なはみ出し医師としては初めての篤志《とくし》だな」

その言い方がとてもおかしくて、白川さんはよく覚えているという。

少年は、〈家庭への連絡は今回はしないし、保険証も使わなくていい、今後同じようなことをしないのなら診察料も不要〉という山崎医師の説明に深々と頭を下げ、

「ありがとうございます。今、持ち合わせがないんですけど、お金だけは必ず持ってきます」

と、また玄関で二人に一礼して帰っていった。

「でも、いい子ですよね。とてもそんな変なことをするような子には見えませんでした」

「……思春期ってのは、フクザツなんだ。聞いた症例ではヘアスプレーの缶を突っ込んで、そのキャップが取れなくなったことがあったそうだ」

そういうことが結構多いということを白川さんは初めて実感したし、とても勉強になっ

た。ああいう大人しそうな子でも、性の目覚めの暗い面に囚われることがあるのか。看護婦として、今日はよい経験をしたのではないか。ずいぶんな残業で疲れてはいたが、白川さんはそう思った。

「本当に、このときだけで終わってくれていたらよかったのですけど……」

同じ年の盛夏だった。昼下がり、あまりの暑さに訪れる患者も絶え、山崎医院はひっそりとしていた。

後から考えると、なんだか不吉な静謐さだった。遠くで響いている杭打ち機の音以外、何も聞こえなかった。

眠気を払うために伸びをした白川さんが、受付の席からふと玄関を見ると、開け放った入り口に人影が差した。

見覚えのある体躯。あの少年だった。

白川さんは最初、（ああ、あのときのお金を支払いに来たのだな）と思ったのだそうだ。どこかでそう思いたい心理が働いたのかもしれない。

だが、少年は酷く顔色が悪く、冷汗を流しながら言った。

「……また、お願いします」

「また？」思わず声音が尖ってしまった。

「またって、またなの？」

「……すみません」

その旨を告げられて、山崎医師は明らかに不機嫌だった。無言でレントゲンを撮ると、現像ができる前から処置の用意を看護婦達に命じた。

例によって、白川さんは現像機の前で処理が終わるのを待っていた。ローラーの軋む音とともに、それは吐き出された。

――歯ブラシではなかった。もっと大きな物。捻じれた紐が輪になって、その中からたくさんの毛のようなものが広がっている。

（紐じゃなくて針金だわ）

それは『亀の子タワシ』だった。


「これは……」

山崎医師の顔色が変わった。シャーカステンに挿したフィルムに定規を当てて、

「どうやって入れたんだ」と、呻いた。

「こいつは粘膜を傷めるぞ。早めになんとかしないと」

そして処置室へ行き、下腹の痛みに耐えかねて横になっている少年の側に座った。

「……今回は異物が大きいから、腰椎麻酔をして肛門を広げないと取り出せない。麻酔を使うには君の保護者に了解を得ないといけない。だから、連絡先を訊かないといけないな——いいね？」

少年は視線を彷徨わせていたが、すぐに諦めたように頷いた。

住所氏名の聞き取りと保護者への連絡は、白川さんにお鉢が回ってきた。嫌とは言えない。

少年は、亀垣渡と名乗った。住所は隣接の行政区だった。

電話番号を聞き出し、白川さんは重苦しい気分でダイアルを廻した。事情を説明するのに嘘はつけない。

呼び出し音が鳴り、電話口の向こうから、

「はい。亀垣でございます」と、少年の母親と思われる女性の声がした。

「……こちらは○○区の山崎医院と申します。実は亀垣渡さんのことで……」

その女性は、白川さんの話を遮ることなくじっと聞いているようだった。が、突然堪え切れなくなったように嗚咽を減らすと、

「あぁ、それは渡がやったことじゃありません！　子供達が、子供達が苦しむのは、私

と夫のせいなんです。ですから、渡を変な目で見ないでやってください！」

と、振り絞るように叫んだ。

その後は取り乱した泣き声が聞こえ、白川さんは途方に暮れた。

「もしもし」急に野太い男性の声がした。

「渡の父親です。途中から聞いていました。今からそちらへ参ります……麻酔はどうぞ使ってやってください」

くれぐれもよろしくお願いします、と言い添えて電話は切れた。


白川さんは麻酔の許可が取れたことと、何か尋常でない事情がある家庭のようだが電話ではよくわからないこと、そして父親がこちらに向かっていることを山崎医師に報告した。

「許可は取れた訳だな。よし、処置を始めよう。オペ室でやるぞ」

その日は三人看護婦がいたが、各々がさっと動いた。渡君は裸にされ、薄い術着一枚で手術台に乗せられた。

そして麻酔の前処置がされ、山崎医師が麻酔液を腰椎に注射した。

頭部に麻酔が波及しないよう、手術台には少し傾斜が掛けてある。しばらくすると、下半身が無痛になったことが確認された。

ワセリンが渡君の肛門に塗り込まれ、山崎医師は有柄肛門鏡を一本ずつ両手に握ると白川さんを呼んだ。

「僕が広げるから、君が手を入れて中の異物を取ってくれ」

「私がですか」

「君のほうが手が小さいだろう。いいか。物がタワシだから、取り出すとき周囲を傷つけやすい。握り込んで、慎重に取り出すんだ」

「わかりました」

白川さんの手袋に、同僚がワセリンを塗ってくれた。手首まで念入りに塗る。

「それじゃ、いくぞ」

有柄肛門鏡とは、要するにヘラのような器具だ。それを挿入し、両側へ思い切り広げた。痛みはないはずだが、渡君はくぐもった呻き声を上げた。

白川さんは、赤黒いその穴へ思い切って手を入れた。

指先に固い毛先の感触。

慎重に形を探り、掌で被ったそのときだった。

中で、大きな人間の〈手〉が白川さんの拳を丸ごと握り込んだ。

凄い力だった。

「ああっ！」

「どうした？」

あまりのことに反射的に手を引き抜こうとしたが、がっしりと掴まれて動かない。

しかも、もうひとつ〈手〉があるのか、それが白川さんの小指を引き剥がし、逆関節に捻りあげ始めた。

〈折れる！〉

白川さんは猛烈な恐怖に半泣きになりながら、助けを求めて周囲を見た。皆、何が起こったのか理解できず呆然としている。

と、突然「中の力」が緩んだ。

白川さんは、弾みで後ろに倒れ込んだ。

その手から、血液と汚物にまみれた亀の子タワシが弾け飛び、カラカラとリノリウムの床を転がった。

三十分程後。

渡君は処置室に移され、麻酔が醒めるのを待つため寝かされていた。彼の両親は既に到着し、診察室で何か山崎医師と話し込んでいる。

白川さんは、施術の後気分が悪くなり、渡君の隣のベッドで横になっていた。掴まれた手が痺れたように冷たい。

なんだったのだろう、あれは。

何がいたのだろう、あそこに。

……いるわけがない。ありえない。

だが確かにあれは現実だった。

ぐるぐると忌まわしい思いがループしてしまい、更に気分が悪くなった。

「看護婦さん」

渡君が話し掛けてきた。

「すみません。迷惑を掛けてしまって」

「……」

「こんなこと信じてもらえないと思いますけど、僕はあんなもの自分で入れたことはないんです。……いつも、痛みで気が付いたら、物が入っているんです。それで……ここ以外にも、あちこちに取り出してもらいに行きました……変な目で見られて……でももう、なんだか……酷くなる一方で……限界です」

堪え切れなくなったのか、少年はさめざめと泣いていた。

「うちは呪われているんです」

気力を振り絞って白川さんは起き上がった。

「私は、あなたの話を信じます。何か恐ろしいことが起きているようだけど、またそれが起きたらここに来ればいいわ。私達が何度でも取り出してあげるから」

渡君は何度も「ありがとうございます」と繰り返した。

本当に可哀想で、白川さんも一緒に泣いた。

渡君の両親は、どちらも教育者然とした印象で冷たい風貌だった。身なりは立派だったが、どこか窶《やつ》れたような、病的な「匂い」があったそうだ。

黒塗りの乗用車の後席に毛布で包まれた渡君を乗せると、二人は何度も礼を言って立ち去っていった。

それから数週間後のこと。

渡君から連絡はなく、山崎医院は平穏だった。白川さんは、地域の医師会の会合から帰ってきた山崎医師に、自宅の応接間のほうへ来るように言われた。

直感的に渡君に関することではないかと思った。

あのとき山崎医師は、渡君の両親からあの直腸内異物の原因について、どの程度までかはわからないが説明を受けていたらしい。

「今日、婦人科の木谷先生から症例の報告があったんだが」

ソファに座るよう促しながら、山崎医師は言った。

「それが、膣内異物の症例で……異物は『イカヅノ』だったそうだ。こう、返しのある鉤《かぎ》が放射状に付いている漁具だ」

(ああ……)白川さんは思った。

(それは渡君と同じ、救いのない感じがする……どんどん酷くなっている)

「先生、それって……」

「ああ。どうやら渡君の姉ではないかと思う。珍しい姓だしな」

そういえば電話をした際、母親は「子供達」と言っていた。

白川さんは暗然たる気分になった。

あの〈手〉。

あれが原因ならば、なんという卑劣な悪意だろう。

なんという……。

「どうにも信じられないことだが、今日の報告を聞いてよくわかったよ。こいつは人間のやることじゃない。しかも、これからも同じようなことが起きるのかもしれない。なんとか援助してやらなければ」

渡君の姉は、漁具の鉤のためにどうしても膣口からは取り出すことができず、開腹手術を行うしかなかったそうだ。だが、その後の経過はよく、数日前には退院したらしい。

もっとも、精神面は鬱病を疑うくらいの状態だったという。

「うちはいいとして、木谷先生には事情を話して協力してもらうしかないな」

「ええ、先生お願いします」

事情を信じてくれる医師がいれば、少なくとも患部に纏わる屈辱感や羞恥心は幾分かでも楽になることだろう。

白川さんは吉報を知らせようと電話をしたが、亀垣家はあいにく留守らしく、その日は渡君と連絡が付かなかった。

翌早朝。なにげなく新聞を開いた白川さんの目に、その記事は飛び込んできた。

「崖下へ転落 一家四人死亡」

丸い顔写真は、学生帽を被った渡君とその家族だった。

父親が運転中、県内の山道のカーブで、ガードレールを突き破って四〇メートル下の谷底へ落ちたらしい。

大破したあの黒塗りの乗用車の写真が大きく載っていた。

記事には「ハンドル操作のミスか」とあったが、白川さんにはすぐにわかった。

思い悩んだ末の、覚悟の一家心中だ。

無力感で頭がぼうっとなった。

ただただ、写真の渡君の面影に涙が溢れた。


「結局、私達にはあの家族を救うことができませんでした。この話は山崎医院でも医師会でも、ずっと禁忌でした。でも、どこかに残しておかなくては。また、同じようなことがあったときのためにね」

白川さんは、そう言って話を終えた。

山崎医師は既に故人である。診療所も後継ぎがなく廃院となった。

亀垣渡君とその家族を襲った「悪意」の正体については、その後も一切不明のまま現在に至っている。

がんばれマリーさん

つくね乱蔵

三島さんは総合病院の医事課に勤めている。

十年前の夏のこと。

三島さんは、マリーさんという入院患者のことで頭を悩ませていた。マリーさんはフィリピンから来たばかりで日本語が覚束ず、意思の疎通ができなかった。

だが、それ以上に厄介だったのは、彼女の後見人であり雇い主の池田という男性である。

病状が思わしくないため、一刻も早くマリーさんの家族に連絡してほしいと頼む医師に対して、池田は鼻で笑って一言だけ返した。

「無理だよ。実家、フィリピンだぜ、フィリピン。あっちは来日する金なんか持ってないだろ。あ、うちは出す気ないよ。こいつの入院費だけでもエライ赤字なんだよねぇ」

マリーさんの病状は思わしくなく、一向に回復しない。どうやら池田は、彼女を見捨てることに決めたようで姿を見せなくなった。

程なくして彼女は危篤状態に陥った。

連絡を取ろうとしたが、池田は携帯に出ようともしない。

医師達は懸命に手を尽くしたが、努力は報われることなく、マリーさんは苦痛の果てに異国の地で息を引き取った。

池田とようやく連絡が取れたのは、マリーさんが亡くなってから二時間も過ぎた後のことだった。

店の準備中で忙しいんだと愚痴りながら仏頂面で来院した池田は、霊安室に安置されたマリーさんの遺体を、乗り付けてきたワゴン車で持って帰ると言い出した。

「死亡診断書がありゃ、どうやって持って帰ろうとこっちの勝手だろうが」

池田の言うことには確かに一理ある。

もちろん、後見人に引き取ってもらわなければ病院側も困るのだが、遺体を物扱いする池田の態度に、三島さんは珍しく声を荒らげた。

「せめて、担当医師と病棟看護師が見送るぐらいはいいですよね」

「あのなあ、こっちは店戻んなきゃなんねぇんだよ。んな面倒くせぇのはいいからよ、お前、ちょっと手ぇ貸せや」

とりつく島もないとは、この事だ。

三島さんは、仕方なく池田の言うなりに手伝わされることになった。
最後まで病魔に苦しんだマリーさんの身体は痩せ衰え、酷く軽くなっていた。
そのことに三島さんは一層の憐れを感じたが、池田は何の感慨もないようだった。
「いいか、そっちしっかり持てよ。せーのっ!」
ワゴン車の後ろのドアを開け、池田の掛け声に合わせて荷物室に遺体を運び入れる。
池田は、遺体が動かないように毛布で固定し、その上からブルーシートを被せた。
どこへ連れていくのか。どう葬るつもりなのか。或いは、葬るつもりなどないのか。
複雑な気持ちで見送る三島さんの目に、思いがけないものが見えた。
マリーさんが後部座席に座っている。
痩せ細った手が、背後から池田の首を絞めようとしていた。
池田に教えるべきか。
三島さんは、声を上げかけて止めた。マリーさんの邪魔をしたくなかったからだ。
その代わり、胸の中でマリーさんを応援したという。

バイト

平山夢明

須藤さんは外科医として都内の大手総合病院に勤めている。

「いやあ、わたしの頃も研修医時代はバイトバイトの毎日でしたよ」

大学の医学部を卒業したばかりの研修医は、いわば見習い。朝から晩までめいっぱい働かされても、支給されるのは手取り十万そこそこ。勢い、バイトをしなければならなくなる。

つまり、休日や診療を終えた夜間に、他の病院でれっきとした医者として勤めるのである。

いまから十数年前、須藤さんはあるクリニックの夜勤に出かけた。

「夜勤といっても、そこは美容整形が専門でね。入院してる患者さんの数は知れてるし、夜間は経過観察程度でいいのよ。看護師もいるしね」

比較的、仲間内では〈おいしい病院〉ということで通っていた。

その夜、入院している患者は三人。

「確か脂肪吸引とエラを削った人、それに頭の皮をめくって皴を伸ばしたおばさん」

全員が個室で、それぞれナースステーションのモニターで容態のチェックはできていた。夜勤にレジデントを入れておくのは、あくまでも万が一の場合の形式的措置に過ぎないことはありありとしていた。

消灯時間が過ぎ、日付が変わる頃になると、看護師が到着室で寝るように勧めてくれた。

「先生はお疲れでしょうから、どうぞって……。彼女たちはわかってるんですよね、わたしたちの境遇を」

それではお言葉に甘えさせていただきます……と須藤さんはゆっくりシャワーを浴びると当直室に向かった。

「一応、寝るときは私服のままなんです。さすがにパジャマに着替えるとかは、いざというときのことを考えるとできないんで」

当直室は、あくまでも仮眠をするところなのである。

当直室には二段ベッドが一台あり、その反対側の壁にスタンド付きの机と医学書の詰まった細い書棚があった。

若いレジデントが独習できるよう、配置されている証拠であった。

彼女は下段に入ると横になった。

しばらくすると、当直室の前をサンダルの音が駆け抜けていった。

「あの音とポケベルのブザーには反射的に目が覚めるんです」

須藤さんは、何か起きたのだろうかと思いながらも、そのまま横になっていた。

が、呼び出しはなかった。

「それから、少しウトウトしたんです」

ふと気がつくと、点けっぱなしの照明が消え、部屋の中が暗くなっていた。

入り口に誰かが立っていた。

看護師の呼び出しかと思い、声をかけようとしたが身体が動かなかった。

「でも、看護師なんかじゃないのは、すぐにわかりました」

服が違った。それは患者用のものだった。

くくく……。

押し殺すような声がすると、それが壁を沿って二段ベッドのすぐ横に立つと、よろよろと歩き始めた。

ぺた……びりり……ぺた……びりり……。

裸足で一歩一歩進みながら、何かしている。

須藤さんは下段にいるので、その者の胸元までしか見えなかった。

くっく……くっく……。

嗚咽が聞こえた。

それは二段ベッドの真横、須藤さんの目と鼻の先を進んでいった。

「苦しそうな声を聞いたとき、突然、なんとか声をかけなくてはと思ったんです」

無理やり身体を起こすと、彼女は床に白いクレープのようなものが散らばっているのを見つけた。それには睫毛や唇らしきものがくっついていた。

どんっ。

反射的に身を引っ込ませた須藤さんに、後ろにいるものがぶつかった。

〈いだいわよぉ〉

顔皮をでたらめに毟り取った女が、歯を剥き出したまま、赤い顔をずりと肩に載せてきた。

「そのまま朝、看護師に起こされるまで失神しちゃってたんだけど、何も言わなかったわね」

須藤さんは翌日、何事もなかったかのように仕事を終えると、二度とその病院の当直には入らなかった。

「昨日は命日だったからねぇ……」

彼女の青ざめた顔を見た年配の看護師が、ぽつりと呟いたのを聞き逃さなかったからだ。

安置拒否

つくね乱蔵

西村さんは以前、病院の清掃員として働いた経験がある。

地下一階、地上四階の総合病院だ。外来、入院病棟、事務室など全てが対象である。

清掃員は、西村さんを含めて十人。担当する階は週ごとに決められている。

その週、西村さんに苦手な階が回ってきた。

安置室が設置された一階である。

当然ながら、御遺体が安置されている間は入室できない。

掃除する時点では空き室なのだが、気味が悪いのはどうしようもない。

その点、同僚の高井さんは全く平気だった。他の場所と同じように、軽口を叩きながら楽しげに作業を進めていく。

同じ五十代ということもあり、色々と意気投合してしまう。西村さんも高井さんと組んでいる日は、心地よく仕事ができたという。

幸いにも、今週は高井さんとペアである。予定では安置室の清掃は昼過ぎとなっているが、事情が変わることは多々ある。

使用表で確認し、空いていればやってしまうのが習慣になっていた。

一階の通路奥にある無表示の扉が出入り口だ。清掃用のマスターキーで解錠し、中に入る。

その瞬間、いつも首筋が冷える。

「うう、寒い。残暑が厳しいからって温度下げ過ぎよ」

西村さんの思いを見透かしたように、高井さんが愚痴を零した。

部屋は三つ。安置室が二つと遺族の控え室だ。その全てを掃除していく。

使用する人が限られている上に、それほど長居する場所でもないが、手は抜けない。隅々まで丁寧に仕上げていく。

その間、高井さんはずっと大好きな歌手のことを話し続けていた。

全ての作業を終え、廊下に戻る。扉を施錠する間、西村さんは高井さんの掃除道具を預かっていた。

返そうとして妙なことに気付いた。

高井さんの腕に鳥肌が立っているのだ。そこまで寒いとは思えない。その証拠に、額には薄らと汗をかいている。

西村さんの視線に気付いた高井さんは、苦笑いを浮かべて言った。

「見つかっちゃった。結構キツかったからね。早く行きましょ」

そう言って高井さんは先に立って足早に歩き出した。


何が何だか分からないまま、西村さんは慌てて後を追った。

地下にある清掃員の控え室に入った途端、高井さんは腹を押さえてうずくまった。

西村さんが声を掛けたが、返事もできないようだ。大きく息を吐き、高井さんは漸く顔を上げた。

「ああ、参った参った。あんなの初めてだわ」

高井さんは、言葉に詰まる西村さんに質問を投げ掛けた。

「安置室、変に寒かったでしょ」

頷く西村さんに微笑みを返し、高井さんは話を始めた。

確かに空調は効いていたが、寒いという程の室温ではない。

それを寒いと感じるのには理由がある。

あの部屋に残された何かがそうさせている。

私はそういった思いを強く感じ取ってしまう。

最近、あの部屋に運ばれた御遺体の死因を調べたら分かる。

多分、腹部の病気か怪我で亡くなっている。


「怖がらせてごめんね。まぁ大丈夫よ。安置室なんて、次から次に御遺体が運ばれてくるんだから。思いも上書きされていく」

思いが上書きされていく。

西村さんは、その言葉が気に入った。いずれ何かあるのだろうが、時間が解決してくれるに違いない。

いつものように軽口を叩く高井さんの姿に励まされ、西村さんはその日の勤務を終えた。

翌日、安置室は朝から連続して三件の使用があり、清掃は昼の二時からになった。

例によって大好きな歌手の話題で盛り上がりながら、西村さんと高井さんは安置室への扉を開けた。

その途端、高井さんが無言で立ち止まり、小刻みに震え始めた。

話し掛けたのだが、返事もせずに震えている。

高井さんは小さな声で何事か呟き始めた。

「ヤバい。ヤバいヤバい。閉めて。ドア閉めて。早く。ヤバいってば」

西村さんが慌ててドアを閉めると、高井さんはふらふらと後退り、廊下に座り込んだ。

次の瞬間、腹部を押さえて丸まり、大量に嘔吐した。

結局、そのまま救急センターに搬送され、入院することとなった。

二日後。

病室を訪ねると、高井さんは看護師と揉めている最中であった。

退院させろと言い張っているようだ。

だが、どう見ても退院できるような状況ではない。

西村さんを見て少し落ち着いたのか、高井さんは大人しくベッドに寝そべった。

看護師が出ていくのを見届け、高井さんは問わず語りに話し出した。

「安置室のアレ、まだいるのよ。多分、なかなか消えないと思う。他の御遺体の思い全てを吹き飛ばして居続けるつもりよ」

余程、死にたくなかったか。或いは殺された恨みか。どちらにせよ、思いが強烈過ぎて上書きを許さないのだろうという。

「だからこの病院で死にたくない。あの安置室に寝かされるのはごめんだわ」

それから間もなく、高井さんはそれほど嫌がっていた安置室に運び込まれた。

高井さんが安置室から運び出された直後、西村さんは清掃作業に向かった。

扉を開けたら、目の前に高井さんが立っていた。

高井さんは、ここから出してと一言だけ残し、背後から現れた腕に引っ張られて消えた。

西村さんは迷うことなく安置室の扉を閉め、しばらく時間を潰してから清掃の控え室に戻った。

その場で辞表を書き、その場を後にした。

今現在、西村さんは他の清掃会社に勤めているが、病院関連の現場だけは断っている。

病院の死

Dr.マキダシ

その晩、医学生のFさんは勉強場所を探していた。これまで数年間、勉強用に使用していたカフェが突然「勉強での使用禁止」を打ち出したためだった。

暗記科目の多い医学部の試験は勉強時間の確保が必須となる。自宅は誘惑が多く、どうやっても集中を削がれてしまう。

彼の周りの学生は皆、常に数箇所の勉強場所を確保するのが通例となっていた。行きつけのカフェや自習室、空き教室やファミレスに至るまで、自分の生活圏内にある極力他人に邪魔されないような自分だけのスポットで勉強をし、集中力が切れたら別の場所に移動する。そうやってどうにか試験前に莫大な量の暗記をこなしていた。

昨今のような有料個人ワークスペースなども無かった当時、大学の近くのカフェやファミレスのような勉強スポットは毎日が争奪戦であった。ましてやFさんは医師国家試験を数週間後に控えていたため、このタイミングでのカフェからの締め出しは本当に痛手であった。どうにか移動時間のロスもないような近場の勉強場所はないものか。

そこで目をつけたのが、この春に取り壊される予定の大学病院の旧棟だった。

大学の講義棟から渡り廊下で繋がった旧棟は、同じ敷地内に建てられた新病院に全ての入院患者と医療デバイスを運び出してしまっており、先日ついに、もぬけの殻となった。日中は取り壊しのための業者が出入りしているものの、夜はひと気も無くひっそりとしている。

「ここなら夜じゅう誰にも邪魔されずに勉強ができるかもしれない」

そう思ったFさんはさっそく旧病棟に向かった。

暗い渡り廊下を渡ると、ひと区画だけ灯りのついているスペースに出る。小さなクリニックの待合程度の大きさのそこは、この病棟で唯一、未だ電気がついており、恐らく昼間の解体業者の休憩所として使われているようであった。

(ここだ)彼は内心ガッツポーズをした。

廊下の隅にはいくつか長テーブルと椅子が並び、拝借すればコンセントだって使用できる。お金もかからず、移動時間も必要としない大学の敷地内にこんな穴場を見つけられた。

これは使わない手はないだろう。もし誰かに注意されたら、その時に移動すれば良い。

そう考え、時間も無いFさんは早速、テーブルにつくと参考書を広げた。

二時間ほど経ったろうか。Ｆさんはふと尿意を感じ、ペンを止めた。眼前には少し前まで入院病棟だった巨大な空間に続く暗い廊下が広がっている。

そういえばこの病棟、かろうじて電気はまだ通っているようだが、トイレは使えるのだろうか。もし病棟のトイレを使うとなると、この暗い廊下の先だ。普段、病院実習などで夜の病院内を歩くことはあるが、人の全くいない病棟は流石に不気味で近寄りがたい。目を凝らすと、廊下の所々に不要となった古いリネンや、恐らく病棟の建て壊しと共に廃棄予定の棚やカーテンの類が置かれており、不気味さをより際立たせている。

この廊下を抜けて使えるかどうかわからない旧病棟内にあるトイレを目指すか、渡り廊下を戻って使い慣れた講義棟のトイレに行くか——どうするべきか。

そんなことを考えながら、恐る恐る暗い廊下に近づき覗き込んでみる。すると、

「何してるんですか」

驚いて振り返ると、懐中電灯を持った警備員の男性が立っていた。

「危ないから旧病棟の中には入らないでください」

「あ……すみません」

三十代後半であろう警備員は、机の上の勉強道具にチラッと目線を移すと、「遅くまでお疲れ様です」と言葉をかけてくれた。

よかった。どうやら真面目だが感じのいい人のようだった。

「あ、あの、病棟には入らないので、ここの出入り口スペースだけ使ってもいいですか？」

絶好の勉強場所を逃すわけにはいかず、Fさんはダメ元で聞いてみた。

Fさんの気迫に負けたのか、警備員は、

「ちょうど二週間後にこの場所を含んだ棟全体の取り壊しになるので、その数日前くらいまでなら大丈夫かと思います。具体的な期日はまた追ってお知らせします」

と話した。Fさんは頭を下げた。

「ありがとうございます」


こうして、旧病棟でのFさんの追い込み試験勉強が始まった。

講義棟の自習室で、ある程度同級生と勉強を進めたのち、夜は旧病棟に移り、集中して追い込みをかける。一人なのでブツブツと声を出して暗記したり、知識を整理したりできるのがとにかく快適だった。

最初は不気味に感じた奥に続く廃病棟も、慣れると妙な落ち着きを得られるようになった。まるでドラゴンボールの精神と時の部屋のように、ここに来ると妙なスイッチが入り、精神が研ぎ澄まされるように感じた。

時折、例の警備員がやってきては、二言三言世間話をする。身の上を探り合うような話はほとんどしなかったが、「吉永さん」という名前であることはわかった。

Fさんにとって吉永さんは、余裕の無い試験前に唯一勉強以外の会話ができる、いい距離感の顔見知りのような存在になった。

そんなやりとりが十日ほど続いたある夜、片付けをしているFさんのもとに吉永さんがやってきて話しかけた。

「突然なのですが……明日、ここも含んだ旧病棟全体の解体前作業が入りまして。申し訳ないのですが、ここの使用は今日までということでお願いできませんか」

「あぁ、そうでしたか。残念ですが仕方ないですね。話ができて楽しかったです」

「そうですね、Fさん。国家試験頑張ってください。」

「ありがとうございます」

そんなやりとりを経て、Fさんは旧病棟を後にした。

「ここともお別れか……」

そんなことを思いながら帰路についた。

翌日、大学で勉強をしていたFさんは、どうしても旧病棟がどうなってしまったかが気になっていた。同級生の目もあるので日中はいつも通り講義棟で黙々と勉強をしていたが、いざ、いつもの移動時間になると「一目見るくらいなら構わないだろう」と思い、昨日までのように渡り廊下を向かい旧病棟に歩いていった。

廊下を渡り切ると、そこには昨日までと何も変わらない光景が広がっていた。

あれ、何も変わってない？

部分的な解体作業でも始まっているものかと思っていたが、机の位置まで昨日の通りであり、Fさんは何か肩透かしにでもあったかのような気分になった。

「机も変わらずあることだし、こんな夜中には作業もやらないだろうから、吉永さんにはああは言われたものの今晩だけこっそり使わせてもらおう」

そう思うと、すかさず荷物を置き勉強を再開した。

ザッ、ザッ、ザッ

午前零時を回った頃だろうか、聞き慣れない音が聞こえてきた。

はて、何の音だろうか。

――足音だ。

どうやら病棟の中の方から聞こえてくるその足音は少しずつではあるが、着実にFさんのもとに近づいてくる。巡回している吉永さんだろうか、もしくは取り壊しのための作業員がこんな時間にまで残っていたのか。

暗闇から徐々に向かってくる数人の足音に、嫌な緊張感が走る。

ザッ、ザッ、ザッ
Fさんが固唾《かたず》を飲んで音のする暗闇をじっと見つめていると、暗闇から徐々に何者かが現れ、輪郭が顕《あきらか》になってくる。

吉永さんだ！　真っ暗な廊下の奥から現れたのは吉永さんだった。

今日以降は来るなと言われていたにもかかわらず、またここに来てしまっている手前、やや気まずさを覚えたFさんは、咄嗟に言い訳を考えた。が、すぐにそんな事はどうでも良くなった。吉永さんの後ろには大勢の人がいた。

綺麗に二列に整列した十数の人々を、まるで吉永さんが先導するかのように歩いている。列の中にはスーツの男性、和服の老婆、中には子連れの母親までおり、年齢も性別も様々な人がいた。そして、吉永さんを含め全員が青白い肌で無表情のまま俯いていた。

「えっ、吉永さん、なんですかこれ」

明らかにいつもと違う様子の吉永さんに焦って声をかけるが、まるでFさんの声など聞こえていないかのように無表情のまま、吉永さん率いる隊列はずんずんと進んでくる。

なにか、確実にまずいものに立ち会っている実感があったFさんだが、体は硬直し、ただただ見届けることしかできなかった。まるで生気を感じさせないその集団はゆっくりとFさんの横を通過して、渡り廊下の中に消えていった。


その数日後、渡り廊下は閉鎖され、旧病棟は完全に取り壊された。

無事、Fさんは国家試験を合格し、新病棟で研修医としての勤務が始まろうとしていた。

あの晩、Fさんが目撃した一団はなんだったのだろうか。


Fさんはこの話を一通り聞かせてくれた後、こう付け加えた。

「吉永さんをあの晩以降、見かけていなくて。なんとなく気になり、少し経ってから他の部署の警備員に聞いてみたんですよ。そしたら警備員の一覧リストを見ながら、吉永なんてヤツはいないって言うんですよね」

あの晩、吉永さんが連れていた人達はきっと、何かの事情があってこの病院に留まっていた『いつかこの病院にいた人達』なんじゃないかと思うんですよね。

Fさんはそう続ける。

「吉永さんも、もしかしたらいつかこの病院で警備員として働いていた人だったのかも知れない。そう考えたら、あまり怖いとかは思わなくて。病院って、いろんな存在にとっての居場所だったりもするんですかね――」


人間と同様に、病院もまた「生きている」のかも知れない。

病院としての機能を失い、ついには何者かの居どころとしての役目すら終えた旧病棟。

死にゆく間際の病院に紛れ込んだFさんが、医師としての人生を歩み始める矢先に経験した、不思議な出会いと別れの話であった。

入れ替わり

小田イ輔

三十代の男性看護師N氏が勤める病院は、口腔ケアや嚥下リハビリに力を入れている。

「特に高齢の方なんかだと誤嚥が原因で肺炎を起こすケースが多々あるから、嚥下能力の評価に基づいた訓練と、口腔内の衛生環境を良くするためのアプローチが重要なんよ」

N氏は、もともと営業職をしていたそうなのだが、色々あって前職に見切りをつけ、二十代の半ばから看護大学に通いだしたという変わり種。

「自分でもどうかと思うような商品をペコペコ頭下げながら売って歩くのはシンドくてね、医療系ならエビデンスに添って、ある程度確かなサービスを提供できるじゃない、罪悪感なく仕事できるってのは重要だよ」

以下は、そんな彼にしつこく怖い話をねだったことで得られた体験談。

「うちは嚥下リハに力を入れているから、他の病院でメインとなる疾患の治療を終えたものの、嚥下状態が回復しないために退院できないっていう人がよく転院してくるんだ」

当時、彼が担当していたのも、そのような患者だった。

「八十代の爺ちゃんでね、脳の疾患で救急入院して、ある程度状態は落ち着いたんだけど、在宅で療養に入るにはまだ嚥下能力に難があるっていうんで入院が長期化してたようだ」

家族は主治医から胃瘻《いろう》による経管栄養での生活を勧められたそうだが、できることなら口から食事を摂って欲しいという希望があり、N君が勤める病院に転院してきたという。

「パッと見た感じ『厳しいんじゃないか』って思った。専門的なこと言っても仕方ないから端折《はしょ》るけど、明確な意志の疎通はできないし、顎は上がったまま引けないし、口腔内の状態も悪いしで、最初のテストの段階から緊張しちゃってさ」

それでも、彼は看護師として懸命にケアに取り組んだ。

「少しずつ少しずつ、食べやすい食形態、飲み込みやすい一回量、ベッドの角度から声掛けまで工夫して、一歩一歩、確実に嚥下能力を取り戻していくわけなんだけど、医者の指示とはいえ、マジで難しいなって思いながらやってたよ」

しかしある日のこと、その「難しい状態」が一気に好転した。

N氏によれば「まるで人が変わったように」嚥下状態が劇的に改善したらしい。

「いやビックリしちゃってさ、もう飲み込む時の『ゴクッ』っていう音からして違うのよ、前日の状態から考えれば本当に急にだよ。ある程度段階は踏んでたから、もちろんその成果だって言えばそうなんだけど……なんつーか、ちょっと……」

彼が言うには、嚥下状態が改善したその日を境に、その患者の表情や目つき、雰囲気など、全てが変わっていったのだそうだ。

「そりゃ栄養状態が改善すれば全身の状態も上向くから、当然っちゃあ当然なんだけど、なんて言うんだろ、うーん、ここだけの話で言えば『中身そのものが入れ替わったんじゃないか』ってぐらい変わっちゃったんだよね、それで――」

食事介助の際、言葉を発するようにもなったのだとN氏は言う。

「『へった、へった』って、嬉しそうに言うんだ。俺は当初『腹がへった』という意味で捉えてたんだけど、食事が終わってからもニコニコしながら同じこと言うからさ、まだ食い足りないのかなと思って、ある時『もっと食べますか？』って聞き返したんだ」

すると老人はにこやかなまま首を振り「へえった、へえった」と同じ言葉をゆっくり繰り返した。

「あれ、『へった』じゃないじゃんって。この人『へえった』って言ってるぞと」

「へった」は「減った」だが「へえった」となると意味が変わってくる。

N氏の住む地方の訛りによれば「へえった」は「入った」である。

「うん、ただまぁ……　それだけならまだね、こうやって話すまでもないんだけど……」

一体ナニが、どこに「入った」のか。

困惑しながらも、何か言葉を返そうと口を開きかけたN氏に対し、老人はにこやかなまま力強い目線を向けて「へえるぞ、こんど」と言った。

「いや、固まっちゃってね。殆ど口もきけないような状態だった人が、はっきりそう言ったんだよ『入るぞ、今度』だよね、誰に？　俺に？　って」

病気による身体機能の低下に加え認知症のある高齢者の発言ではある、が、それまで細やかにその状態を観察し、記録を続けてきたN氏だからこそなのか、その一言に恐怖に近い感情を覚えたのだと語る。

「自分でケアした患者さんのことをこういう風に言うのは気が引けるし、本来なら話すべきじゃないんだろうけど、俺が経験した中ではこれが一番『お化け』に近い話だよ。うん、そう、あの爺ちゃん、病気で体が弱っちゃって、何か違うモノに体を乗っ取られたんじゃないかっていうね、うん、馬鹿馬鹿しいよね、でもあん時だけだよ、病院で働いててリアルで背筋が凍ったの、それは事実だからさ、うん」

嚥下状態が改善した老人は、それから間もなく退院することになった。

退院の日、迎えに来た家族は、病院のスタッフへ涙ながらに礼を述べたという。

「うーん、なんて言うんだろうね、その時、俺も頭下げながら、前職のこと思い出しちゃってさ、罪悪感っていうか……表面上は何の問題もないだけに、尚更ね」

廃病院

渡井 亘

私のSNSフォロワーであるMさんが、平成後期に警察官として勤務していた時の話である。

お盆を過ぎた八月中旬の深夜二時頃。パトカー勤務のMさんが後輩警察官と共に住宅街をパトロールしていたところ、『郊外の廃病院で騒いでいる人がいる』との一一〇番指令を受け、現場へ向かうこととなった。

現地に先着すると、駐車場跡地にはいかにもヤンキー染みた外観の軽自動車が一台停まっており、座席には誰も座っていない。次に四階建ての廃病院を見やると、二階部分にうっすらと明かりが灯っていて、がやがやと騒ぐ声がそこから漏れ聞こえてきた。

管轄の交番から追加で二名がパトカーで現場に到着し、合計四人で鍵が壊れている出入口が一ヶ所あることを確認する。他に出入口はないことを確かめると、その場は逃走防止のため交番員らに任せ、Mさんと後輩は病院内へと足を運んだ。

二階へ上がると、少年二名と少女二名が大声で談笑していたので、Mさんは「警察だけど、こんなところで騒いでたらダメだろー」と気さくに声をかけた。

「うわっビビったぁ!」と軽く笑いながら驚いた四人に、Mさんは「廃病院だけど勝手に入って騒いではいけない」と注意し、次に全員が未成年であることを確認すると、少年補導のため外で話を聞くことにした。


Mさんが少年A、後輩が少年B、交番勤務員二名が少女C、Dと分担し、それぞれ事情聴取を行ったのだが、全員の供述内容は特にブレがないものだった。

四人は肝試しをするために、Aの車で一時間ほど前に廃病院を訪れたという。まずAが最初に一人で病院に入り、次にBが一人で、最後にCとDが一緒に入ることになった。Aは最上階まで行ったが何事もなかったため、後に来るBを驚かせようと二階で待ち伏せをすることにしたそうだ。

やがて入ってきたBはAに驚かされて案の定叫び声を上げ、それを聞いたCとDも廃病院内へ入っていった。

そして二階で全員が合流し談笑していたのだが、声が大きすぎたため近所の人に通報され今に至るということらしい。

Mさんが A に対し、もし煙草を持っているなら早めに自白した方が良いことを伝えると、Aは車のドアポケットの中にあるとあっさり白状した。そのままAから了承を得て車のロックを解除すると、Mさんは車内の確認を開始する。

後部座席になぜかBが寝ていた。Mさんは驚いて振り返ったが、後輩に事情聴取を受けているBが確かに車外にいる。

双子かと思ったので、後輩と一緒にいるBに「こっちで寝ているのは兄か弟か?」と問う。

「中学生の弟がいる」と回答したBに、そんな子どもを連れ回していたのかと怒ったが、Bはそんなことはしていないと反論した。

Mさんは震えを隠しながら絞り出すように声を出す。

「じゃあこれは誰だ?」

Bと同じ顔、服装、髪型をしているこの少年は。

その場にいた全員が車に近寄り、Bと同じ形をしたそれを確認すると、全員が驚いて固まる。

すると、車外にいた方のBの姿が徐々に原型を無くし、まるで氷が溶けるように表面から崩れていった。

一〇秒もしないうちに、車外にいたBは完全に消えてしまい、残った全員は阿鼻叫喚《あびきょうかん》に包まれた。

Mさんは慌てて後部座席にいるBをよく確認すると、胸の動きから呼吸をしていることがわかった。恐る恐る首元に触れると脈が感じられる。Bの肩を掴み大声で声をかけると、彼は驚いて目を覚ました。

交番勤務員二名にA、C、Dを任せ、Mさんと後輩でBから改めて事情聴取を行った。

Bが言うには、Aに遅れて廃病院へ入ったのだが、二階から大きな声が聞こえたため、怖気づき、走って逃げてきたのだという。その際出入口にCとDはおらず、車の後部座席に入り鍵をかけて縮こまっていたが、やがて意識がなくなったのだそうだ。Mさんが先着して最初に車内を見た時、Bはすでに後部座席にいたはずだが、横になっていたのでその存在に気付けなかったのだろう。

各自の語る状況が食い違っており、四人はすっかり怯えきってしまったため、ひとまずAの車は放置してパトカーで全員を自宅まで送ることとなった。

その後、戻った警察署で当直の署員にありのままを口頭報告し、一旦は一息つくことができた。

そしてMさんが当直明けで残務処理をしていた午前一〇時頃、少年の補導に当たった他の三名と共に課長に呼び出された。

呼び出しを受けた先には、課長と、刑事課の巡査部長がいた。

巡査部長曰く、一〇年近く前にも似たような報告があったという。その時は「全員が寝ぼけていたんだろう」と笑って済ませたのだが、今回も当直の署員伝手に例の件を笑い話として聞き、あまりにも当時と状況が似ているので直接話を聞きに来たのだそうだ。

巡査部長は後日、前回の現場を対応した職員にも話を聞くつもりとのことだったが、Mさんは一連の出来事があまりに不気味だったので、顛末を自分から聞きに行くことができず、放置してしまった。

Mさんはその後転職したため、以後この件については謎のままとなっているものの、後輩はそのまま警察官として勤務を続けており、今でもたまに会って酒を飲んでいる。だがやはりあの時のことは話題に出せてはいない。

Aが驚かせた相手、Bだと思っていた者は、いったい何モノだったのだろうか。

元から廃病院の中にいた何かであることは間違いないのであるが……。

変わらぬ絆

Dr.マキダシ

内科医のY先生は、病院で常勤医として働くことをリタイアし、医師バイトで生計を立てていた。

「先生も知ってると思うけど、医者のバイトはピンキリなんですよ。でもいいところだと常勤医よりずっと稼げる。もう私みたいに肩書きにさほど拘りのない医者なんてのは、むしろバイトで食い繋ぐ方が割りが良くてね」

彼はヤニで汚れた歯を見せてニヤッと笑った。

バイト医にとって、優良な案件を確保できないことは死活問題であり、バイト医同士のネットワークができていることが多い。穴場のバイトを共有したり、自身の都合に合わせた代打を探したり――バイト医特有の仲間意識さえもあるという。

ある日、バイト医仲間の先輩から久々にメールが来た。

「お前、新しい当直のバイト先、探してないか？　ここ、病院自体がめちゃめちゃ古いし、電車も乗り継いで遠いからあまり人気は無いんだけど、実は穴場でさ。めちゃめちゃ時給がいいんだよ。しかも、夜もほとんど呼ばれないから楽なんだよ」

当直のバイトは大抵の場合、当直用のＰＨＳが支給され、夜間に診察や処方が必要な場合のみ呼び出しがかかる。お呼びがかかった時以外は当直室で自由に過ごすことができる。つまり、「呼ばれない当直」は極端な話、病院で寝るだけでお金がもらえるのである。

耳寄りなバイト情報に目がないＹ先生は、二つ返事で応募することにした。

その病院は都市部から電車を何本か乗り継いだ、ある山間の地域にあった。

建物は古く、所々に洋館のような凝った装飾が施されていた。メールに記載されている棟を見つけると、入り口にくたびれたスーツを着た初老の男性が立っている。

「Ｙ先生ですか、本日はありがとうございます」

シワシワの笑顔が印象的な男性に事務室に通され、手続きを終えると当直室に案内された。二階にある当直室は夕日が差し込んでいて、古びた田舎のビジネスホテルを彷彿とさせた。

前情報どおり、ＰＨＳが鳴ることもなく当直室でテレビを見ながら過ごしていると、移動の疲れもあってか睡魔に襲われ、気づくと寝落ちしてしまった。

ピリリリリリ――

ＰＨＳの音に起こされる。画面を覗くと零時を回ったところだった。

「○病棟です、ちょっと眠れず落ち着かない患者さんがいるので診てもらえませんか」

夜勤看護師からの道案内を頼りに、慣れない病院内を抜けてエレベーターに乗ると病棟にたどり着く。診察ののち、患者に睡眠薬を処方すると当直室に戻る。一息つく間もなく別の病棟からの呼び出しがあり、赴いては同様に診察をして当直室に戻る。

そんなやりとりが数回あり、時刻は深夜二時を回っていた。

そろそろ仮眠をと思い横になろうとすると、またＰＨＳが鳴った。

ため息混じりに応答すると、呼び出されたのはまだ行ったことのない、病院の一番奥にある病棟。どうやらこれまでとは別のルートで行かねばならず、渡り廊下を抜けて病院の奥にあるエレベーターに乗った。

病棟のある五階に着くと、眠気をこらえながら手際よく処置を済ませる。看護師と二言三言雑談を交わし、病棟を後にした。

流石に疲労もピークに達し、もうどこの病棟も呼ぶなよと思いながらエレベーターに乗り、当直室のある二階を押す。すると、エレベーターが三階で止まった。

（おや、こんな時間に）と思っていると扉が開く。そこには誰もいない。それどころか、エレベーターが着いた三階自体が電気もついておらず真っ暗だった。

おそらく外来病棟なのか薬局や検査室がある病棟なのか——少なくとも、夜勤者が必ずいるであろう入院病棟の雰囲気はなかった。

（なんだか気持ち悪いな）

閉じるボタンを連打すると、グンッと、まるで誰かが乗り込んできたかのようにエレベーターが一度、下に沈み込んだ。

瞬間的に「もしそうだとしたら、こちら側が相手の存在を察知したと悟られてはいけない」と思い、できる限り平然と振舞った。

そこから二階にエレベーターが到着するまで、ほんの数秒間であったが異様に長く感じられた。

当直室に戻っても何かが付いてきているのではないかという恐怖感が拭えず、嫌な汗をかきながら、その日はどうにか明け方に眠りにつくことができた。

目覚めると手早く片付けを済ませ、そそくさと病院を後にした。

電車に揺られながら昨晩の出来事を思い返し、

「もしかすると先輩もこの病院でおかしな体験をして、自分にも同じ思いをさせようと思って紹介したのではないか」

そんなことを考え出したら先輩に文句の一つでも言ってやりたくなり、メールを開いた。

ところが、どこにも先輩とのやりとりが、無い。

病院を紹介してくれたきっかけのメールも、そこから何通か交わした他愛もないメッセージも、何も残っていなかった。

その瞬間、急に夢から覚めたような感覚とともに、大事なことを思い出した。

「そっか、この先輩、二年前に亡くなってたんだった」

何度確かめても先輩とのやりとりはどこにも無く、バイトの応募も自分から応募フォームを立ち上げてメッセージを送った形跡があった。

一体どうして今まで先輩とやり取りをしていたつもりになっていたのか——。

先輩とあの病院には何か繋がりがあったのか、あの晩にエレベーターに乗り込んできたものは何だったのか。

「まぁ気味が悪かったんで、流石にそれ以降はあの病院には近づいてないんですがね、ただね、給料は良かったんですよね。フフフ。もしかしたら先輩が死んでもなお、割のいいバイトを僕に教えてくれてるんじゃないかと思いましてね。これ、バイト仲間の絆ですよ」

Y先生は不気味な笑みを浮かべた。

百パーセント

神薫

「何か変わった体験をお持ちではないですか？」との質問に、病院勤務内科医の松浪先生が目にまつわる怪異を話してくれた。

人の目から得られる情報は多い。眼底を覗けば人体で唯一血管を直接診られるし、眼球結膜（白目部分）からは黄疸の有無、眼瞼結膜（目蓋の裏）からは貧血の有無がわかる。

一昨年のこと、松浪先生がいつものように患者の白目を視診すると、違和感を覚えた。

「日本人の虹彩（瞳のこと）は茶色が普通なのに、そのとき瞳が真っ黒く見えたんだよ」

個人差により漆黒の瞳の人も中にはいるだろうが、その患者は数年来、毎月通院している高齢者であり、先月の来院時にはごく普通の茶色の瞳であった。黒いカラーコンタクトレンズであれば、瞬きのたびにレンズの縁がずれて見えるのでわかる。

「その人、白目が真っ白で、よく見ると赤いはずの毛細血管が灰色っぽくて、まるで眼球だけ色彩を失ったようにモノクロに見えた」

黒い瞳の患者がぱちぱち瞬きすると、蒼白な白目部分ににじわり瞳の輪郭が歪み、灰色に濁っていく。

「ウワッ！　と思わず声が漏れてしまった。みるみる、黒い瞳が白目に滲むように溶けて、眼球が灰色一色になってしまったんだから」

息をのんで松浪先生が患者の目を見守っていると、患者は怪訝そうにこう言った。

「どうかしたんですか？　おかしな先生だなあ」

診察の丸椅子から立ち上がる患者の目は、先刻の灰色一色から、瞬時にありふれた茶色の瞳に戻っていた。

「そのときは、疲労から来た幻覚かと思って済ませていたんだが……また、来たんだ」

今度は、先日とは別の高齢患者だった。

目を視診すると、患者の目がモノクロに見え、一呼吸おいてから黒目が白目に滲んで溶けていく。

「二度目だからウッとはなったが、なんとか悲鳴は堪えることができた」

眼球全体が灰色になるとほんの数秒で患者の目は元に戻り、診察室を退室していく。

一昨年から始まったこの現象は月に一度あるかないかで、これまでに通院患者のうち十九人が該当した。

「目が変に見えた患者の予約日を気になってメモしておいた。後で調べてみたら、その後誰一人として来院してこないんだ」

一人の例外もなく、通院が途絶えてしまうのだという。

「そう。百パーセント来ないんだよ」

ただでさえ混み合い、多忙な外来である。わざわざ予約日に来ない患者に病院側から連絡をとることはない。

「自宅に電話したわけでもないからさ、病院を変えただけかもしれない。本当のところはわからないんだけどさ、俺は皆、死んでるんじゃないかと思うんだ」

不満も漏らさずに真面目に通院してくれていた高齢の常連患者たちが、唐突に通院をストップする理由は、それ以外には思いつかないと松浪先生は言う。

「死んだというのが考えすぎだとしても、皆、病院に通うどころじゃない状態に陥ってるのは確かなんじゃないかな」

この話を伺ってからしばらくして、松浪先生から一通のメールが届いた。

「今朝、顔を洗って洗面所の鏡を見たら自分の眼球だけがモノクロに見えた。やはりそれから、黒い瞳が滲むように溶けて眼球が灰色一色に見えた。瞳が溶けたのに、鏡を視認できるなんて変だが事実だ。痛みも違和感も何もなかった。わずか数秒で元に戻るところも、患者のときと同じだった。これで、その後何が起きるかがわかると思う。続報を待て」

しかし、その後松浪先生からの連絡は途切れてしまった。こちらからの近況伺いのメールにも返信はない。

松浪先生が勤務なさっていた病院のサイトを閲覧すると、月水金外来担当の松浪先生の名前が、別の医師の名前に置き換えられていた。

松浪先生は病院をお辞めになったのだろうか。

病院の代表番号に電話をして「以前外来を担当されていた松浪先生に連絡をとりたいのですが」と申し出たところ、「その先生は現在この病院にはいらっしゃいません」と答えるばかりで、個人情報保護を盾に何も教えてはもらえなかった。

松浪先生はどうなさったのだろう。連絡すら不可能な状態にあられるのだろうか。

灰色一色の瞳はどこか不吉に感じられる。死後時間が経過したご遺体の目では、黒目の上にある角膜が濁って瞳の色を覆い隠し、白一色に見える様子を思い起こさせるからだ。

松波先生からの連絡を、今も私は待っている。

初出一覧

スリーアウト! ―― Dr.マキダシ(書き下ろし)
確信犯 ―― Dr.マキダシ(書き下ろし)
雑音 ―― 神 薫(書き下ろし)
変な病院 ―― 神 薫(書き下ろし)
大部屋 ―― 渡井 亘(書き下ろし)
転職 ―― 神 薫(書き下ろし)
今際の際にて ―― 渡井 亘(書き下ろし)
人柄と腕前 ―― 黒木あるじ(書き下ろし)
死車 ―― 黒木あるじ(書き下ろし)
知らぬが仏 ―― 神 薫(書き下ろし)
指先 ―― 小田イ輔(FKB怪幽録 呪の穴)
魚と猿の魚 ―― 小田イ輔(実話コレクション 忌怪談)
黒看 ―― 黒木あるじ(怪談実話傑作選 弔)
死神 ―― 平山夢明(ふたり怪談 肆)
ナース ―― 鳥飼 誠(恐怖箱 呪毒)
小児病棟にて ―― つくね乱蔵(恐怖箱 蝙蝠)
旧棟地階 ―― 神沼三平太(恐怖箱 心霊外科)
うでおろし ―― 神 薫(FKB怪幽録 骸拾い)
チュルッと ―― 小田イ輔(実話コレクション 厭怪談)
なのへや ―― 黒木あるじ(怪談四十九夜 埋骨)
ザールの標本 ―― 小田イ輔(実話コレクション 呪怪談)
ガスパン ―― 平山夢明(怪談実話 顳顬草紙)
残業の夜 ―― 戸神重明(恐怖箱 心霊外科)
業務外 ―― つくね乱蔵(恐怖箱 心霊外科)
内緒の話 ―― つくね乱蔵(恐怖箱 仏法僧)
ルーレット ―― 黒木あるじ(書き下ろし)
ベッタベタ ―― Dr.マキダシ(書き下ろし)
左側のミチル ―― 雨宮淳司(書き下ろし)
いびき ―― 神 薫(書き下ろし)
読経 ―― 神 薫(書き下ろし)
憑き墜とし ―― 神 薫(書き下ろし)

チョイ借り――小田イ輔（書き下ろし）

気配との思い出――小田イ輔（書き下ろし）

遵守すべし――黒木あるじ（書き下ろし）

閉鎖病棟奇譚――神 薫（FKB怪幽録 怪談女医 閉鎖病棟奇譚）

冷蔵庫――神沼三平太（恐怖箱 心霊外科）

特殊な病室――戸神重明（怪談標本箱 雨鬼）

病院のベッド――内藤 駆（恐怖箱 夜泣怪談）

観察及び仮説――小田イ輔（書き下ろし）

家族だからね――黒木あるじ（書き下ろし）

直腸内異物 雨宮淳司（「超」怖い話 超-1 怪コレクション Vol.3）

がんばれマリーさん――つくね乱蔵（恐怖箱 蛇苺）

バイト――平山夢明（「超」怖い話K）

安置拒否――つくね乱蔵（恐怖箱 心霊外科）

病院の死――Dr.マキダシ（書き下ろし）

入れ替わり――小田イ輔（書き下ろし）

廃病院――渡井 亘（書き下ろし）

変わらぬ絆――Dr.マキダシ（書き下ろし）

百パーセント――神 薫（書き下ろし）

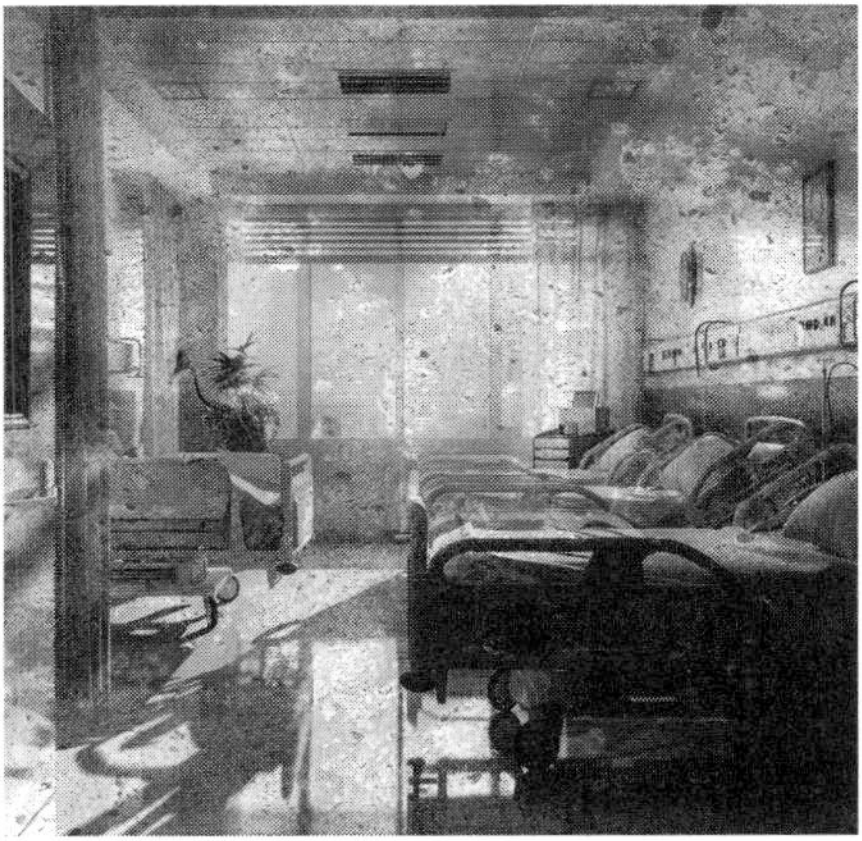

雨宮淳司（あめみや・じゅんじ）

一九六〇年北九州生まれ。医療に従事する傍ら、趣味で実話怪談を蒐集する。二〇〇八年『恐怖箱 怪医』で単著デビュー、続く『恐怖箱 怪癒』『恐怖箱 怪痾』で病院怪談三部作を完結させた。近著に『怪談群書 墜落人形』。

小田イ輔（おだ・いすけ）

『ＦＫＢ饗宴5』にてデビュー。『小田イ輔実話怪談自選集 魔穴』『ＦＫＢ怪幽録 奇の穴』『ＦＫＢ怪幽録 呪の穴』、「実話コレクション」シリーズ『厭怪談』『呪怪談』『忌怪談』『邪怪談』『憑怪談』、「怪談奇聞」シリーズ『祟リ食イ』『啜リ泣キ』『立チ腐レ』『嚙ミ狂イ』『憑キ纏イ』など。共著に「怪談四十九夜」「瞬殺怪談」「奥羽怪談」「怪談百番」各シリーズ、『未成仏百物語』『黄泉つなぎ百物語』『ＦＫＢ饗・百物語』『獄・百物語』『怪談五色 死相』など。原作コミック『厭怪談 なにかがいる』（画・柏屋コッコ）もある。

神沼三平太（かみぬま・さんぺいた）

神奈川県茅ヶ崎市出身。大学や専門学校で非常勤講師として教鞭を取る一方で、全国津々浦々での怪異体験を幅広く蒐集する。主な著書に『怪奇異聞帖 地獄ねぐら』『実話怪談 揺籃蒐』『実話怪談 凄惨蒐』、ご当地怪談の『甲州怪談』『湘南怪談』、三行怪談千話を収録した『千粒怪談 雑穢』など。近著は、若手実力派二人と組んだ『怪談番外地 蠱毒の坩堝』（若本衣織、蛙坂須美／共著）。その他共著に「恐怖箱 百物語」シリーズなどがある。

黒木あるじ（くろき・あるじ）

『怪談実話 震』で単著デビュー。「黒木魔奇録」「無惨百物語」各シリーズ、『春のたましい 神祓いの記』『怪談怖気帳 屍人坂』『山形怪談』『怪談実話傑作選 弔』『怪談実話傑作選 磔』『怪談売買録 拝み猫』『怪談売買録 嗤い猿』など。共著には「ＦＫＢ饗宴」「怪談五色」「ふたり怪談」「怪談四十九夜」「瞬殺怪談」「奥羽怪談」「怪談百番」各シリーズ、『未成仏百物語』『実録怪談 最恐事故物件』『黄泉つなぎ百物語』など。小田イ輔や鷲羽大介など新たな書き手の発掘にも精力的。他に小説『掃除屋 プロレス始末伝』『破壊屋プロレス仕舞伝』など。

神 薫（じん・かおる）

静岡県在住の現役の眼科医。『怪談女医 閉鎖病棟奇譚』で単著デビュー。『怨念怪談 葬難』『骸拾い』『静岡怪談』など。共著に「怪談四十九夜」「瞬殺怪談」各シリーズ、『現代怪談 地獄めぐり 業火』など。

女医風呂 物書き女医の日常　https://ameblo.jp/joyblog/

つくね乱蔵（つくね・らんぞう）

福井県出身。第二回プチぶんPetio賞受賞。公募怪談コンテスト「超-1／2007年度大会」で才能を見出されデビュー。内臓を素手で掻き回す如き厭な怪談を書かせたら右に出る者はいない。主な著作に『絶厭怪談 深い闇の底から』『つくね乱蔵実話怪談傑作選 厭ノ蔵』『恐怖箱 厭満』『恐怖箱 厭福』『恐怖箱 厭熟』『恐怖箱 厭還』『恐怖箱 厭獄』など。その他主な共著に『山海の怖い話』、「瞬殺怪談」「怪談四十九夜」「怪談五色」「恐怖箱テーマアンソロジー」の各シリーズ、『アドレナリンの夜』三部作、ホラーライトノベルの単著に『僕の手を借りたい。』がある。

戸神重明（とがみ・しげあき）

単著に「怪談標本箱」シリーズ、『いきもの怪談 呪鳴』『上毛鬼談 群魔』『幽山鬼談』など、共著に『群馬百物語 怨ノ城』『田舎ノ怖イ噂』『恐怖箱 煉獄怪談』『怪 異形夜話』など多数。

Dr.マキダシ（ドクター・マキダシ）

青森県出身。現役精神科医でありプロのラッパーとしても活動する。鍛え抜かれたステージングの技術と精神科医としての視点を盛り込んだ怪談語りは聴き手の心を強く揺さぶる。共著に文庫『実話怪談 恐の家族』など。

鳥飼 誠（とりがい・まこと）

東京都出身B型。幼い頃より怪談ジャンキーの道を突き進み、現在、福祉施設で機能訓練士を務めるかたわら、愛すべき一人息子を自分がなれなかった怪談エリートにすべく特訓中。もっぱら脊髄反射のみで怪談を蒐集している。『恐怖箱 呪毒』など。

内藤 駆（ないとう・かける）

怪談（実話、創作共に）と夜のランニングが好きな孤独な男。著作に『お道具怪談』『異形連夜 禍つ神』『恐怖箱 夜泣怪談』『怪恐怖箱 夜行怪談』の他、恐怖箱シリーズに参加多数。

平山夢明（ひらやま・ゆめあき）

『「超」怖い話』「怖い話」「顳顬草紙」「鳥肌口碑」「瞬殺怪談」各シリーズ、狂気系では「東京伝説」シリーズ、監修に「ＦＫＢ饗宴」シリーズなど。ほか初期時代の『「超」怖い話』シリーズから平山執筆分をまとめた「平山夢明恐怖全集」や『怪談遺産』など。

渡井 亘（わたらい・こう）

漫画家・イラストレーター・小説家・シナリオライター。母親が看護師で、お迎えのため病院を訪れる機会は多かった。幼少時は怪談本を目の前に置かれただけで逃げ出すほどの臆病者だったが、今や自主的にオカルトを漁るジャンキー。

★読者アンケートのお願い

本書のご感想をお寄せください。
アンケートをお寄せいただきました方から抽選で
5名様に図書カードを差し上げます。
（締切：2024年5月31日まで）

応募フォームはこちら

病院の怖い話

2024年5月7日　初版第1刷発行

著者……………………………… 黒木あるじ、雨宮淳司、小田イ輔、渡井 亘、内藤 駆、神 薫、
Dr.マキダシ、つくね乱蔵、戸神重明、鳥飼 誠、神沼三平太、平山夢明

デザイン・DTP …………………………………………………………… 延澤 武

企画・編集 ………………………………………………………………… Studio DARA

発行所………………………………………………………………… 株式会社 竹書房
〒102-0075　東京都千代田区三番町８－１　三番町東急ビル６F
email：info@takeshobo.co.jp
https：//www.takeshobo.co.jp

印刷所……………………………………………………………… 中央精版印刷株式会社
